台湾人・阿米と

台湾ごはん食べる？

日本人・美菜の食楽記

AKRU

幻冬舎

プロローグ

阿米《アーミー》～久しぶり！
また台湾に来たよ！
美菜《ミナ》
ダダダダッ
ぎゅ～
二度目の台湾へ ようこそ
ははは
今回はいろいろ連れてってくれるんでしょ？
うん少しは時間あるよ
去年
夜市

友達と初めて台湾を訪れた美菜が……
？
××××××
？
日本人？
どうしました？
夜市での注文に困っていた時に阿米が助けてくれたのです
中国語話せない
日本語少し話せる
じゃあこれで…
待って!!
感動した！私はあなたと友達になりたい！
え…
……
そんな2人の出会いでした
LI●E交換～

行きたいとこある？
まずは小籠包《ショウロンポウ》！
小籠包《シャオロンバオ》か…
はふ〜
美味しい〜台湾ビールもいいね〜
小籠包は確かに美味しいけど
どうして日本人はそんなに好きなの？
え？
だってガイドブックにぜったい載ってるし 台湾人だって好物なんでしょ？
ん〜
好きは好きだけど
日本人ほど熱狂してないかなぁ
えええええええ
日本人が小籠包の店に並んでいるのが私たちは不思議なんだよね

だって台湾は小籠包以外にも美味しいものだらけだから
小籠包だけが注目されるのは残念だな
じゃあ台湾人は何が好きなの？
うーん…
わかった！
今回の旅のテーマは「台湾人が本当に好きな台湾美食」に決定だよ！
え!?
阿米オススメの美味しいもの教えてよ～
頼んだよ～
お酒の飲める店もよろしくね！
私の休日全部使うの…？

目次

第4章

今日一日のパワー注入！
種類いっぱい朝ごはん

早《ザオ》餐《ツァン》

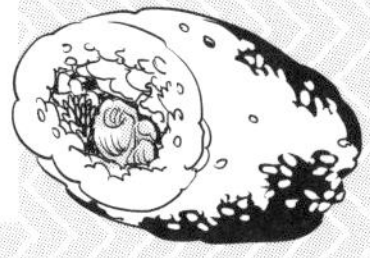

第5章

素朴だったり、イケてたり　いろんな顔持つ台湾スイーツ

甜《テェン》點《デェン》

登場人物紹介

美菜《ミナ》

日本人。カルチャー雑誌の編集者。猪突猛進、関西のおばちゃん気質(!?)で、食いしん坊の大酒飲み。

阿米《アーミー》

台湾人。台北在住のフリーランサー。クールに見えて実は人情家。台湾美食に愛と自信を持っている。

對台灣人來說
台灣美食是什麼？ in台北

（台湾人にとって、台北での台湾美食は何ですか？）

台湾は、街並みも雑貨も人もとっても素敵。そしてなんといっても美味しいものがいっぱい！　台湾のガイドブックを開けばいろんな料理が載っていて、あれもこれも食べたいものだらけ。でも日本で買うガイドブックに載っているものの多くは日本人が選んだものです。ん？　じゃあ台湾の人が日常の中で「美味しい」と思っている料理って、日本人が選んだものと同じなのか、違うのか……？

そこで2018年4月20日～5月20日に「對台灣人來說台灣美食是什麼？ in台北（台湾人にとって、台北での台湾美食は何ですか？）」というテーマで、インターネット上でアンケートを行いました。その結果、797人の台湾のみなさんが、それぞれが「大好き！」という料理とお店を挙げてくれました。

そうしてオススメしてもらった台湾美食を、その味に慣れ親しんでいる台湾人漫画家のAKRUが描きます。台湾人の阿米と、日本人の美菜が味わうのはすべて、推薦者の多かった食べ物とお店です。

推薦者も漫画家も台湾人、そこに日本人の視点を織り交ぜながら、「台湾人が愛する台湾美食」をご紹介していきます。

那，走吧！

（それでは、行きましょう）

第1章

小腹がすいたらサクッと食べられる
お手軽、お気軽、でも旨い！

小《シャオ》吃《チー》

水《シュイ》餃《ジャオ》鍋《グォ》貼《ティエ》

〈水餃子・焼き餃子〉

いくつ食べる？
え？数を選べるの？
だいたいどの店も5個以上ならいくつでも大丈夫
メニュー兼注文票に食べたい数を書き込んで…
菜單 MENU
品項
數量
韭菜水餃
5
お待たせしました
うっわ～ぷりっぷり！美味しそう!!
んじゃ酢醬油をかけて
いっただきま…
ガシッ
ちょっと待った!!
まずはタレをつけずにどうぞ
え～味するの？

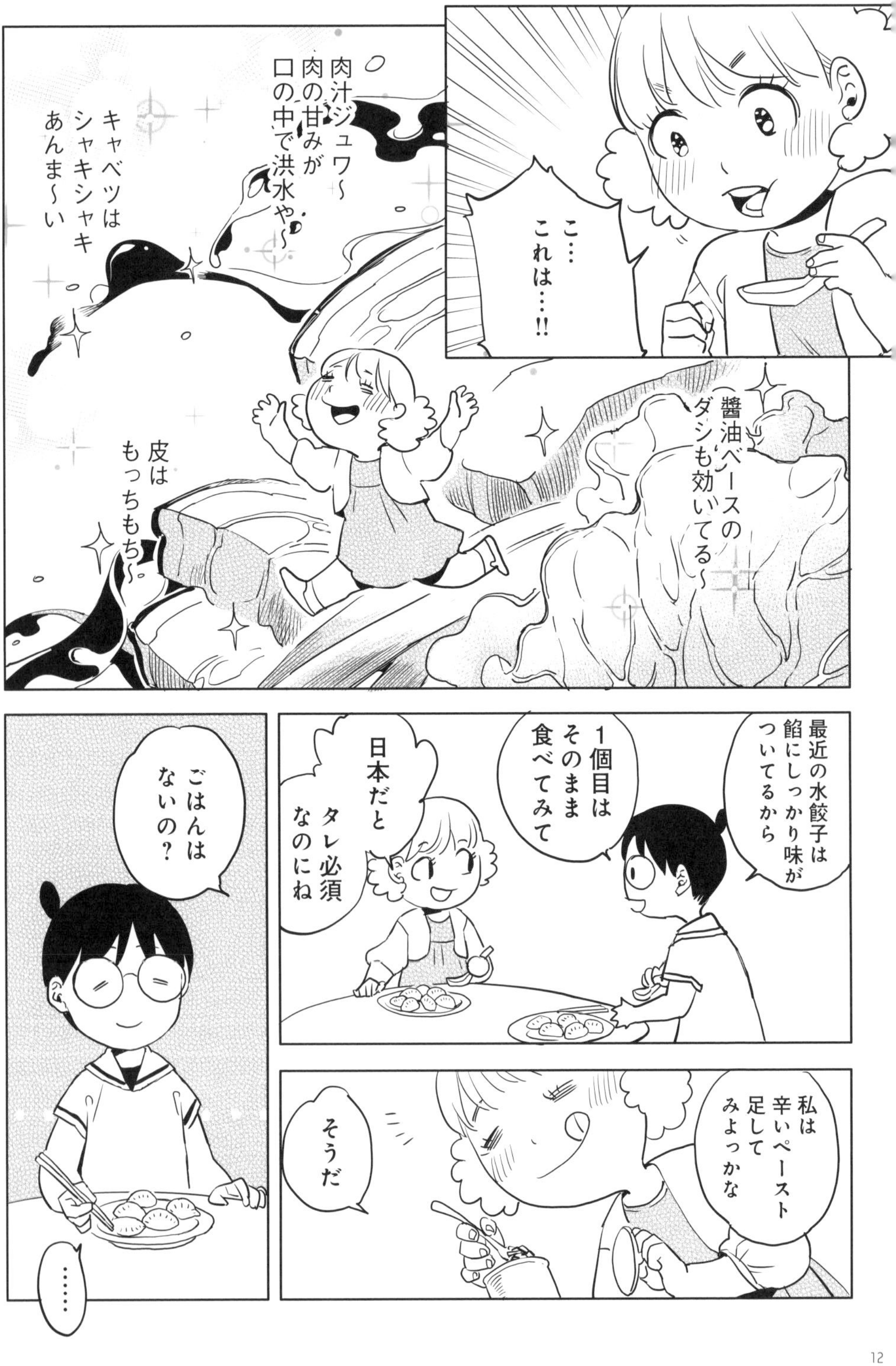
こ…
これは……!!
肉汁ジュワ～
肉の甘みが
口の中で洪水や～
キャベツは
シャキシャキ
あんま～い
醤油ベースの
ダシも効いてる～
皮は
もっちもち～
最近の水餃子は
餡にしっかり味が
ついてるから
1個目は
そのまま
食べてみて
日本だと
タレ必須
なのにね
私は
辛いペースト
足して
みよっかな
そうだ
ごはんは
ないの？
……

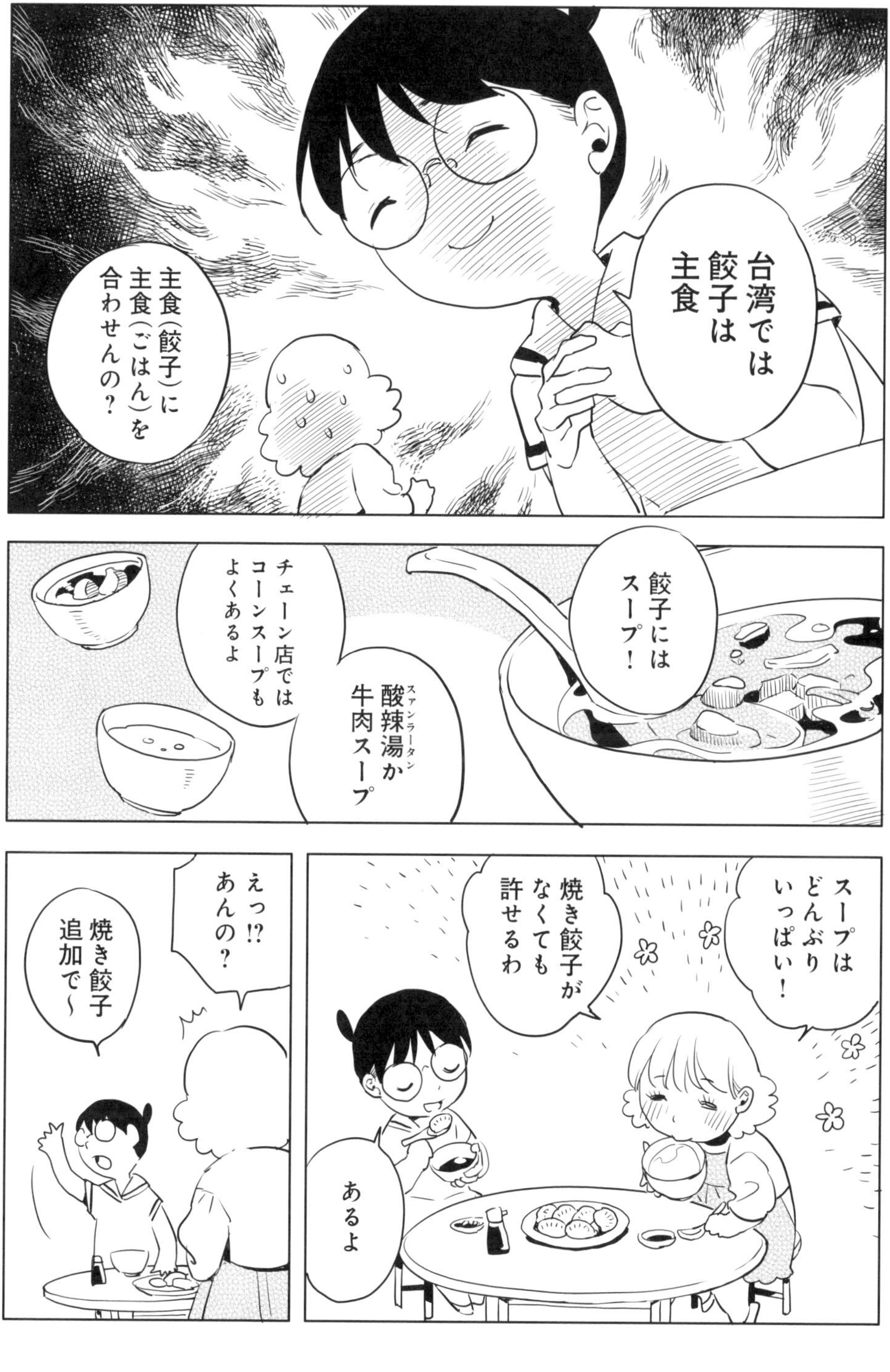
台湾では餃子は主食
主食(餃子)に主食(ごはん)を合わせんの？
餃子にはスープ！
酸辣湯《スァンラータン》か牛肉スープ
チェーン店ではコーンスープもよくあるよ
スープはどんぶりいっぱい！
焼き餃子がなくても許せるわ
あるよ
えっ⁉あんの？
焼き餃子追加で〜

ほら
あれ？日本のと形が違って棒状なんだ
鉄板に貼り付けるように焼いたから「鍋貼」って呼ばれてるの
味は日本の焼き餃子より軽いかな
キャベツたっぷりでニンニクが入ってないからかもね
もう止まらない！やっぱりビール！ビール！
日本人ってこんなにお酒飲むんだ

台湾人オススメの 水餃 鍋貼

巧之味手工水餃①

チャオジーウェイショウゴンシュイジャオ

AREA 忠孝新生　台北市中正區濟南路二段6號

もっちり皮に、旨みあふれるジューシーな餡

お店オススメの「招牌水餃」は、豚肉の水餃子。ざく切りのシャキシャキのキャベツに、黄ニラがほんのり香り、豚肉の餡には醤油味がしっかりついてタレいらず。「干貝水餃」は大粒のホタテの貝柱が入り、噛みしめるとホタテの濃厚な味がジュワッと染みだしてきます。

台湾人のコメント

★ホタテ水餃子は海藻を練りこんだ皮に包まれ、唯一無二の味！　★地元だから毎週食べてるけど飽きない　★皮がもちもちで張りがある　★学校の先生に教えてもらって、今ではドはまり

龍門客棧餃子館②

ロンメンクージャンジャオツグァン

AREA 善導寺　台北市中正區林森南路61巷19號

大らかな空気のなか、水餃子をつまみに呑む

掘っ立て小屋のようなたたずまいが、アジア感抜群。宴会でにぎわうおじさんたちのなかでつまむ水餃子は旅情を誘います。餡は豚肉とネギのみという潔さ。ネギのやさしい甘みとザクッとした食感は心地よく、豊富な種類の滷味（P29）も一緒にビールをグビッといきましょう。

台湾人のコメント

★野菜の味をしっかり感じる餡。滷味もお忘れなく　★皮の食感が絶妙　★手作りで新鮮な味わい。滷味もぜひ！　★子供のころから食べ続けてます　★餡と皮のバランスがいい

及品鍋貼水餃專賣店③

ジーピングォティエシュイジャオジュアンマイデェン

AREA 士林　台北市士林區美崙街93號

「人生で最高！」と言う人もいる香ばしい焼き餃子

豚キャベツの焼き餃子は、サクッと音がするほど香ばしい焼きあがり。水餃子は豚ニラや白菜、牛肉など6種類。酸辣湯とコーンスープのほか、日替わりスープもあります。昼時は大行列ですが、整理券を取り先に注文をすませてじっと待つ。順番が来たら席に案内してくれます。

台湾人のコメント

★人生でいちばん美味しい焼き餃子　★水餃子もイケてる。いつも大行列　★肉汁がたっぷり。どのスープとも合う　★ほかの店とは段違いに旨い

阿娥水餃④

アーウーシュイジャオ

AREA 松江南京　台北市中山區南京東路二段21巷9號

黄ニラとエビの最強コンボに満腹でも箸がのびてしまう

名物は「韮黄蝦仁鮮肉水餃（黄ニラとエビと豚肉の水餃子）」。ぷりっぷりの大ぶりのエビと、ザクザク食感のニラの入った餡に、少し甘みのあるダシがしっかりとからみあっています。食べ応えはあるのに、おなかがいっぱいでも「旨い！」とスルリとのどを通っていくのでビックリ。

台湾人のコメント

★ニラ水餃子は口にするとニラの香りが広がり、うっとり　★タレがなくても美味しい特別な餡　★店構えは普通だけど、店内は清潔感がある

乾《ガン》麺《ミェン》 湯《タン》麺《ミェン》
〈汁なし麺・汁あり麺〉

ぷしゅぅぅ……
どうしたの？
台湾の麺……
種類多すぎ！さっぱりわかんないよ
台湾人は麺が大好きだからね
小麦粉 米粉 緑豆とか材料も違うしソースもいろいろ
麻醤麺 50
炸醤麺 50
榨菜肉絲麺 60
乾拌麺 50
うへ〜
ねぇねぇ
これは必食！っていう麺を教えてよ〜

大きく汁なし麺と汁あり麺に分けられて
どっちも種類がたくさん
貢丸湯《ゴンワンタン》
ペースト状の豚肉団子「貢丸」が入った塩味スープ。貢丸はぷりっとかなりの弾力
炸醤麺《ジャージャンミエン》
豚ミンチに、刻んだ椎茸やタケノコなどを煮込んだ甘辛いソースをかける
麻醤麺《マージャンミエン》
白ゴマベースのコクのある練りゴマのソースを、茹でた麺にからめる
汁なし麺にはスープを合わせるよ
それに茹で野菜
乾拌麺《ガンバンミエン》
麺の下にソースが潜む。酢や唐辛子ペーストを好みで足して味を調える
魚丸湯《ユーワンタン》
魚のすり身団子の塩味スープ
豬肝湯《ジューガンタン》
豚レバーのスープ。ショウガやネギが入り臭みはなくさっぱり
涼麺《リャンミエン》
甘みのあるゴマダレをかけ、きゅうりをのせるのが定番。油麺は常温でコシがある

ねぇ 深夜に開いている麺屋さんってあるの？
うーん 軽食の店はだいたい夜の10時までかな
豆乳屋やお粥屋は深夜営業もあるけど
麺の店は少ないかも
夜中に麺を食べたい人なんてそんなにいないでしょ
いっぱいいるよ！
私は雑誌の編集者だけどだいたい夜の12時に終わるんだ
12時!?
でもすぐに帰りたくないからお酒を飲みに行っちゃうの
……
それで4時ごろに帰ろうとするとおなかがすいて
〆にラーメン食べちゃうんだよね
ぐ〜
〆にラーメン!?
朝の4時に開いているラーメン屋なんてあるの？
東京にはあるんだよ

食べること好きだから深夜早朝も開いてる店を知ってるんだ
すごいね…
バンッ
でも！
どんどん太ってしまうんだよ〰〰
だろうね
だいたいラーメンはカロリー高そうだし
そうだよ！だから美味しいんだよ〰〰
だったら台湾の汁あり麺はさっぱり味だから
美菜にもいいかも
汁あり麺も種類がたくさんでどれも美味しいけど
米粉湯《ミーフェンタン》 太いビーフンのスープ
榨菜肉絲麵《ジャーツァイロウ-スーミェン》
ザーサイと細切り肉の麺
鴨肉冬粉《ヤーロウドンフェン》
アヒルの肉のせ春雨スープ
餛飩麵《フントンミェン》
ワンタン麺(P24)
本当に？教えて！
でも外国人にいちばんのオススメは牛肉麺！

牛《ニョウ》肉《ロウ》麺《ミェン》

〈牛肉ラーメン〉

汁あり麺の王様は牛肉麺！
牛肉麺？
名前のとおり煮込んだ牛肉をトッピングした麺のこと
ピリ辛とすっきりの2種類のスープがあるよ
紅《ホン》焼《シャオ》牛《ニョウ》肉《ロウ》麺《ミェン》
豆板醤が効いたピリ辛の醤油ベースの牛骨スープ
清《チン》燉《ドゥン》牛《ニョウ》肉《ロウ》麺《ミェン》
すっきりした味わいの塩ベースの牛骨スープ
清燉は爽やか〜
紅焼は台湾っぽい味がするね

あ
でも……
スープ全部飲めちゃう美味しさで
やっぱり太るんじゃ……
高カロリ〜
大丈夫
牛肉麺はラーメンほどカロリー高くないから
台湾のスープはさっぱり味が一般的で
女子だって飲み干しちゃう
なら安心だ〜
もっちもちでコシのある麺もいいね〜
赤身は牛スネやカルビを使う店が中心
それから牛筋ね

そうだ！ダイエットには赤身がいいんだよ低カロリー低脂肪高たんぱくで！
よく知ってるね
だって痩せたいからダイエットは研究してるの
……
でも食べたいんだよね…どうしたらいいの
痩せたいでも食べたい……
……まぁまぁ酸菜《スアンツァイ》でも入れてみてよ
！
酸味がプラスされて味がガラッと変わった！
これはクセになる味だね！
ああ〜もし日本に牛肉麺屋があって朝までやってたらぜったい痩せられるのに〜〜〜
ん…まずは夜食をやめるほうが早いんじゃない

台湾人オススメの 乾麺 牛肉麺

建宏牛肉麵⑤

ジェンホンニョウロウミェン

AREA 西門　台北市萬華區西寧南路7號

24時間営業の、ミシュランも認める牛肉麺

さっぱりとしたスープには牛肉の滋味が染みていて、ゴクゴクいけてしまいます。麺は中太麺と平打ち麺の2種類から選択。テーブルには酸菜のほかに辛みのある牛脂があり、これを入れるとさらにコクが出ます。2018年度のミシュランガイド台北のビブグルマン店です。

台湾人のコメント

★肉がたっぷりでコスパよし　★24時間いつでも完璧な味　★スープにこだわりを感じる　★牛脂と酸菜での味変がデフォルト　★やわらかな肉にコシのある麺、スープの旨さは言うまでもなし

芝鄉涼麵⑥

ジーシャンリャンミェン

AREA 科技大樓　台北市大安區和平東路二段311巷26號

さっぱり風味の後に、濃厚なゴマが押しよせる

ひと口目はポン酢のようにさっぱり。ところが食べ進めていくとゴマペーストがからみだし、二度美味しいのです。少しやわらかい麺で、小でもボリューム満点（ほかに大、特大）。「猪柳涼麵」には細切りの豚肉がたっぷりのっています。食べ終わった食器は自分で下げましょう。

台湾人のコメント

★子供のころから通ってる。ゴマペーストが爽やかで、麺の味もいい　★量が多くて、安い　★夜食にするならここの涼麺がベスト！　20時までなので、仕事帰りにテイクアウトします

小林麵食館⑦

シャオリンミェンシーグァン

AREA 忠孝復興　台北市大安區大安路一段28號

台湾の粉ものが勢ぞろいの 深夜も使える麺専門店

「芝麻麵」の白くツヤツヤの麺の下に潜むゴマソースは一見かなりドロッと濃厚で、脂っぽいかと思いきや、意外とさっぱり。麺にもよくからみます。メニューには炸醬麵、拌麵、炒麵、牛肉麵、餛飩など、台湾を代表する粉ものをほぼ網羅。24時間営業で、重宝する1軒です。

台湾人のコメント

★「芝麻麵」推し！　ゴマの風味が濃い！　★野菜の甘みを感じる「五種（排骨）蔬菜湯（5種類の野菜とスペアリブのスープ）」は健康的な味わい

清真中國牛肉麵食館⑧

チンチェンチョングォニョウロウミェンシーグァン

AREA 國父紀念館　台北市大安區延吉街137巷7弄1號

ハラル認証を受けた やわらかな台湾産の牛肉

台湾産の牛のなかでも生後30カ月、700kg以上のものだけを使用というこだわりよう。肉はとてもやわらかいです。細切り牛肉の味噌炒め（京醬肉絲）をクレープのような薄い生地（東北斤餅）で巻くサイドメニューも名物。中国風の店内は広く、ゆっくり牛肉麺を楽しめます。

台湾人のコメント

★細めの麺が好み。紅燒はけっこう辛いので、いつも清燉　★駅近なのがいい　★やっぱりここでは斤餅と「清燉牛蹄筋麵（牛アキレスの麺）」でしょ

餛《フン》飩《トゥン》
〈ワンタン〉

餛飩？ 難しい 字だね
雲呑《ユントゥン》 扁食《ピエンシー》 抄手《チャオショウ》と 地域や調理法で いろんな呼び方が あるけど
全部 ワンタンの こと
え？ あの ペラペラ の？
ペラペラ？
まぁ 食べてみて
これかぁ
肉の部分が 多いね～
日本のは 肉が少ない の？
よく知られて るのは インスタント ラーメンので
皮ばっか

台湾のも皮は薄めでツルツルしてる
…なんでチャーハン食べてるの？
……
ワンタン麺じゃなくて阿米のはスープだね？
ワンタン麺もワンタンスープも定番なの
ワンタンスープを頼んだらごはんものも一緒にね
餛飩麺
餛飩湯《フントゥンタン》
ワンタンは豚ひき肉とネギの餡を、薄く四角い小麦粉の皮で包んだもの。スープは塩味
炒飯《チャオファン》
卵にネギが基本で、ハムやエビ入りなどもある
そういえば街で「大餛飩」って書いた看板をよく見るけど
あれは何？
大餛飩
「溫州大餛飩《ウェンジョウダーフントゥン》」のことで
一般的なワンタンの2倍の大きさなんだ
2倍!?
でも実はこれ以上大きいのも
……

辛党の美菜には紅油抄手をぜひ!
これはスープなしのワンタンだよ
真っ赤~! 辛そう~♡
赤いのはラー油の色
酢や醤油ピーナッツも入ってるの
紅《ホン》油《ヨウ》抄手《チャオショウ》
茹でたワンタンを辛いソースにからめる。抄手はワンタンの四川での呼び方
わ ピリ辛!
辛みが肉の甘みを引きたてるね
これは…
「ビールに合う~」でしょ?
おまけ
超巨大ワンタン in 趙記
子供のこぶしくらいある…
台湾人もびっくり…

台湾人オススメの 餛飩

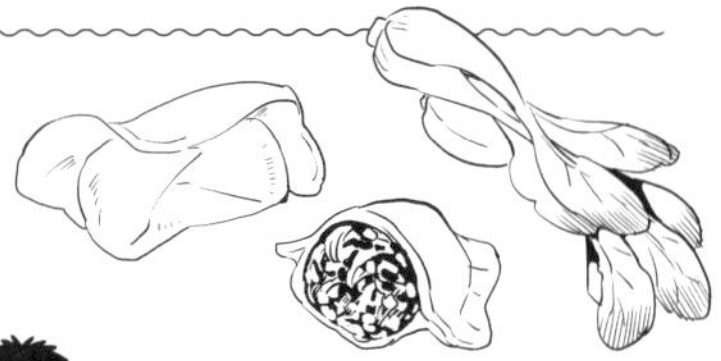

趙記菜肉餛飩大王⑨

ジャオジーツァイロウフントゥンダーワン

AREA 西門　台北市中正區桃源街5號&7號

巨大ワンタンは、繊細なほろ苦さがクセになる

漫画の最後で2人が驚いていた大きなワンタンはこちらのもの。小は6個入りですが、2人でシェアしてちょうどの分量。厚めの皮に、ほんのり苦みのあるチンゲン菜が入っている餡も珍しいです。塩味のスープの底にはザーサイやセロリなどの具が沈んでいるのでよくまぜて。

台湾人のコメント

★水餃子みたいな独特なワンタン。ワンタンらしい薄皮ではなく、厚くてもちもちの食感。でもこれがいい　★とてもさっぱりと食べられる　★チンゲン菜のおかげで、飽きることのない味に

采岳軒重慶抄手麵食⑩

ツァイユエシュエンジョンチンチャオショウミェンシー

AREA 大安森林公園　台北市大安區信義路三段103號

辛いものが苦手な人でも食べられる紅油抄手

食べやすい、ひと口サイズのワンタン。紅油抄手は辛さよりも甘みを感じるラー油と、花椒も刺激控えめなので子供でも大丈夫です。推薦コメントにある「魚香紹子麵」は豚ミンチにニンニク、ショウガ、ネギなど薬味たっぷりのそぼろ餡をからめた麺。ニンニクのパンチがある!

台湾人のコメント

★紅油抄手、麵類、小菜とすべて外れなし。高校時代にしょっちゅう通っていた　★「魚香紹子麵」もオススメ　★重慶の現地の味ではなく台湾風にアレンジされているけど、美味しいから推薦

頂味執餃⑪

ディンウェイジージャオ

AREA 菜寮 新北市三重區光明路70號

甘みのなかにふんわりと花椒を感じながらトゥルンッ

こちらの紅油抄手も一般的なものと比べて花椒はほんのりで、甘みが勝っています。辛さを選べるので、好みで調整してみてください。皮はなめらかな舌触りで、のど越しがよいです。カボチャやニンジンを皮に練りこんだ、5色の鮮やかな水餃子「假日五彩開運餃」も自慢のひと品。

台湾人のコメント

★紅油抄手が美味しいし、小皿料理もたくさんあるのがうれしい　★食材が新鮮で、味付けも自分にとってちょうどいい

意麵王⑫

イーミェンワン

AREA 迪化街 台北市大同區歸綏街202號

おやつ感覚で食べるミニワンタンと意麵のコンビ

親指ほどの小さなワンタンを、あっさり塩味のスープ麺にオン。小さいながら肉には味がしっかりついているので、麺と一緒だとちょうどいい味わいに。麺は意麵というちぢれ麺。ほどよいコシがあって軽い食感、量も少なめなので、迪化街散策の合間の軽食にピッタリです。

台湾人のコメント

★餛飩麵は完璧!　麺と甘みのあるスープのバランスがよく、ワンタンもほかにはない味わい。あ〜形容するのが難しいけど、とにかく食べてみて!!

滷肉飯《ルーロウファン》

〈肉そぼろごはん〉

阿米さん…
私お米が食べたいです
そういえばごはん料理がなかったね
米
お米の国の人だもの
台湾も主食はお米だよ
日本人が持ってきた蓬莱米《ポンライミー》もあるし
そんな縁があるんだ！
じゃあ今日は台湾人のおふくろの味
滷肉飯！
おお～！
おお？…小さい

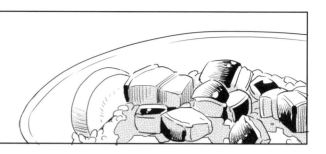

そう？
これくらいで ちょうどいいと 思うけど
えー
日本の丼は もっと 大きいよ
ははは
滷肉飯は 丼じゃなくて 味付きごはん だから
普通は おかずと一緒に 食べるもので
野菜料理や スープを一緒に 頼めば おなかいっぱい！
貢丸湯
滷肉飯
豚肉を粗く刻み、干し椎茸などと醤油ベースのタレで煮込み、熱々を白米にかける
滷味《ルーウェイ》
モツや干し豆腐、昆布などの醤油煮込み
滷蛋《ルーダン》
滷肉飯と同じタレで煮込んだ味付け卵。滷肉飯とは別注文になる。黄身は固茹で

肉は
トロッと
甘じょっぱ
い～
豚バラや
脂身の多い
部分を
醤油
砂糖とかが
入ったダシで
煮込むの
うわぁ
煮汁が
濃い茶色
でもごはんに
かけると
ちょうどいい
味なんだね
そうだ
夜市で
似たものがあって
「魯肉飯」って
書いてあった
けど…
夜
市
魯肉飯
同じだよ
元々は
「滷肉飯」
だったの
どうして
漢字が
変わったの?
滷 vs 魯
「滷」が
書きにくい
からとか…
「魯」の字が
かっこいいからとか
いろんな説があるけど
美味しけりゃ
どっちの字でも
いいよね
うんうん
お米も
喜んでるよ
ちょっと!
それ私の
じゃん!!

台湾人オススメの 滷肉飯

金峰魯肉飯⑬

ジンフォンルーローファン

AREA 中正紀念堂 台北市中正區羅斯福路一段10號之2

珍しいスープも必食の、滷肉飯の超有名店

「香菇魯肉飯」の名前のとおり、煮汁を吸った椎茸(香菇)と、トロリとした豚ひき肉のバランスが絶妙です。タレの甘みもちょうどよく、大行列に納得。でも回転は速いです。煮卵には、鶏より大きなアヒルの卵を使用。硬めの黄身を滷肉飯にまぜると、これまた口福がやってきます。

台湾人のコメント

★台北で滷肉飯を食べるなら金峰 ★滷肉飯に白胡椒をかけると美味しさアップ ★珍しい「頭髄湯(豚の脳のスープ)」があるのがうれしい ★豚の脂身が適量

五燈獎豬腳魯肉飯⑭

ウードゥンジャンジュージャオルーローファン

AREA 台北橋 新北市三重區正義北路38號

コクがあるけれどスルリといける悶絶の味

ウリである豚足と一緒に、店先の大きな鍋のなかで煮込まれた滷肉飯の豚肉はゴロッ、そしてトロットロ。八角のクセもなく日本人の口にも合います。コクのあるタレですが、脂っこさはなくスルスルと食べられてしまいます。思わず「つゆだく、肉多めで!」と頼みたくなるほど。

台湾人のコメント

★からみあうタレとごはんがいい。これぞ台湾ならではの味 ★美食家だと自負するドイツ人の友人も納得する旨さ ★滷肉飯のタレの甘みとしょっぱさがクセになる

金仙魚丸 永樂市場店⑮

ジンシェンユーワン

AREA 迪化街 台北市大同區南京西路233巷19號

白胡椒をパッとかけて さっぱり味変するのが台湾風

脂身が多く見えますが、くどくはなく、やわらかな口あたり。タレの甘みと塩気もちょうどいいです。台湾人は滷肉飯に白胡椒をかけて味変するそうで、さっぱりとした風味になり食が進みます。半分屋外、半分屋内の台湾らしいたたずまいで、地元感にあふれています。

台湾人のコメント

★肉と脂身半々のバランスなのがよく、タレの旨みが口を包みこむよう ★滷肉飯以外も美味しくてコスパよし ★台湾らしい味わい

天天利美食坊⑯

ティエンティエンリーメイシーファン

AREA 西門 台北市萬華區漢中街32巷1號

とろ〜り半熟目玉焼きの 黄身とからめて召しあがれ

滷肉飯には半熟目玉焼き(煎蛋)をトッピングできます。とろりと流れだす黄身が肉とごはんにからみ、やさしい味わい。肉は細かめで、タレがしっかり染みています。たっぷりとごはんにかかっているので、小の滷肉飯にスープ(どれもボリュームあり)だけでランチになります。

台湾人のコメント

★滷肉飯に半熟目玉焼きをのせるのがオススメ ★日本語のメニューがあるよ ★人気エリアの西門で、たった30元で滷肉飯が食べられるなんて!

美食巡りこぼれ話①

お隣さんの飲んでるスープ美味しそう
何のスープなのかな？
よかったら飲んでみるかい？
え!?
い…いいんですか!?
感動〜
お…美味しい〜ハマグリと鶏のスープだぁ
台湾の人ってなんて親切なんだ〜〜

おすそわけしてくれたご家族、ありがとうございました!!

道に迷っていたら、声をかけて目的地まで案内してくれた……なんてこともザラにあります。自然に素敵な気遣いができる、人懐っこくて朗らかな気質の人々も、台湾の魅力のひとつなんですね。

第2章

お酒を飲む人、飲まない人も
みんなでワイワイ乾杯したい!!

餐《ツァン》廳《ティン》

熱《ルー》炒《チャオ》店《デェン》

〈海鮮居酒屋〉

台湾人はどうして お酒を飲まないの ——っ!?
どう したの??
食堂でも お酒飲んでるの 私くらいだしさ
夜市なんてあんなにつまみだらけなのに 屋台にはお酒がなくて コンビニで買って持ち込むしかなかったり 小吃店でもビール置いてないとこも多いよね!? なんでなんでなんでなの————!?
ははは……
その理由は 道にあるよ
あ… 飲酒運転 に……

台湾人はバイクで移動する人が多いから
お酒が飲みたくても飲めないことがあるんだよね
でも台湾にも居酒屋はあるから！
生猛☆海鮮
鑫熱炒
ガヤガヤ
わいー
わいー
ははは…
うわぁ！地元の人でにぎやか！店の外に水槽がたくさん並んでる!!
ここは熱炒店
100元からの安くてビールに合う料理がたくさんあるよ

あ〜
メニュー名が今まで以上に呪文みたいで日本人には難易度高いよ
MENU

メニューを読み解くには漢字の意味を知ることが大切
炒《チャオ》＝炒め料理
煲《バオ》＝煮込み料理
烤《カオ》＝焼き料理
蒸《ゼン》＝蒸し料理
湯《タン》＝スープ
三杯《サン ベイ》＝醤油、酒、ゴマ油を用いた照り焼き
沙拉《シャー ラー》＝サラダ
生魚片《ション ユー ピェン》＝刺身
蛋《ダン》＝卵
豬《ジュー》＝豚肉

魚や旬の野菜料理は店頭のケースから選んで
調理方法をお店の人と相談してね

うわ〜
わくわく
する〜〜〜
って
何勝手に冷蔵庫からビール出してるの
大丈夫
これが熱炒スタイル
飲み終わったビールの瓶は足元の箱へ入れておいて
最後に集計してもらうの
台湾には有名なビールがいくつかあって
味わいもいろいろ
台《タイ》啤《ピー》 昔ながらのクラシックビール
金《ジン》牌《パイ》 どの店にもある大定番
18《シーバー》天《テェン》 賞味期限18日の生ビール
小《シャオ》麥《マイ》
黒ビールのような苦みのある味わい
台啤は苦みがあって
金牌はキリッと爽やかでいいね〜
うわ！18天はさらに透明感があって飲みやすい‼

さぁ料理が来たよ！これが私の定番
鹹蜊仔《キャムラー》
シジミの醤油漬け
炒海瓜子《チャオハイグァツ》
あさりと台湾バジルの炒め物
炒水蓮《チャオシュイリェン》
台湾野菜の水蓮の炒め物（睡蓮じゃないよ）
〝熱炒〟っていうのは〝強い火力で炒める〟ってことだから
特に野菜は炒め料理がオススメ
三杯雞《サン・ベイ・ジー》
台湾風鶏の照り焼き
清蒸魚《チンゼンユー》
醤油ベースのタレの白身魚の姿蒸し
すごくシャキッとしてる!!
水蓮って日本にはない野菜だなぁ
そして
魚丸ごと一匹蒸すなんてすごいね これで2000円くらいなんでしょ？安すぎ!!
日本だと切り身なの？
台湾人は丸々一匹が好きだよ
羨まし！

魚の身を
タレごと
ごはんに
かけてみて
ぶっかけ飯
たまらん〜
三杯雞って
鶏料理？
醤油 お酒
ゴマ油と
ショウガに
台湾バジルと
炒めるの
台湾バジルは
スイート
バジルより
もっと
濃い風味
だね
ビールに
合うから
もう
なくなっ
ちゃった
ビール
いかがですか？
え？
何？
何？
彼女たちは
自社のビールを
売りにきたの
え〜じゃあ
1本もらおう
かな

♪~
お姉さん可愛い~
!
ちょ…子供いるんだけど
子供が何?
いやいや居酒屋に子供いるのはよくないんじゃ……
日本では議論されてるよ
熱炒店は家族でごはんを食べるところでもあるから
ファミレス感覚!?
わわわっ
子供がビール飲んでるけど!?
飲んでみて
あ美味し
あれは蘋果西打《ピングォシーダー》っていうアップルサイダー
台湾でよく飲まれてるんだよ~
でも私はやっぱりビールだね!
わかってるってば

台湾人オススメの 熱炒店

臨洋港生猛活海鮮 長安店⑰

リンヤンガンションモンフォハイシェン

AREA 松江南京　台北市中山區長安東路一段99號

少人数でもいろいろな料理を食べ比べできる

全体的にさっぱりとした味付けです。4人以上だと、ひと皿の量は少なめに感じ、少人数でも利用しやすいでしょう。店頭で選んだ魚は、身は蒸しに、頭と骨はスープにしてくれます。このスープの魚のダシがとても深い！　台湾野菜の水蓮の炒め物は、しゃっきりとした歯ごたえがたまりません。2階もあってかなりの広さなので、行列していても長く待つことはありません。23時ごろになると一気に客が引きます。

台湾人のコメント

★地雷メニューのない、王道の熱炒　★安くて量もちょうど。ひと皿だけの注文でもバツが悪くない　★大勢の仲間と集まってわいわい宴会だ！

紅翻天生猛活海鮮⑱

ホンファンティエンションモンフォハイシェン

AREA 行天宮　台北市中山區吉林路239號

神がかった味わいに、台湾人も日本人もうなる

オーナー自ら毎朝、海辺の魚市場まで出向いて買い付けるという海鮮はとても新鮮。それらを上品な味付けで仕上げた料理は、どれも悶絶ものです。イチオシは蒸し魚（清蒸魚）。ゴマ油と醤油の絶妙な味わいのタレがかかった身を、ショウガとネギの千切りと一緒に口に運ぶと、もううっとり。日本人にはチャレンジメニューの「脆皮大腸（大腸のカリカリ焼き）」は、皮がカリッと香ばしくモツのくさみもありません。写真付きメニューもあり。

台湾人のコメント

★熱炒の値段なのに、レストランレベルの味わい　★「宮保皮蛋（ピータンのオイスター炒め）」は格別　★子供を連れて、家族での晩ごはんによく行きます

火《フォ》鍋《グォ》

〈鍋〉

ねえ 阿米
ん？
私火鍋を食べてみたいんだけど
2人だと量が多いよね・・・
？
2人でも1人でも大丈夫でしょ？
え!? 1人で鍋ってアリなの？
鍋って大勢でひとつの鍋をつつきあうもんじゃない
そういう鍋もあるけど
1人用鍋の店も台湾にはあちこちにあるんだよ台湾人は鍋が大好きだからね
手作鍋物
○○小火鍋
わあ
IHコンロが1人1台鍋も1人にひとつ!?

IHコンロは普通だよ
日本だとカセットコンロが多いんだ
野菜の量多!!
代表的な具材
キャベツ
きのこ
豆腐
ヤングコーン
牛肉・豚肉
チンゲン菜
餃子や練り物
あーでもこれは火鍋じゃないよね
火鍋だよ
だって赤くないしこれ昆布ダシでしょ?
???
あー!
わかった
美菜が言ってるのこれのことでしょ?
そうそう!これこれ!辛そ~

これは麻辣鍋っていう漢方と唐辛子がたっぷり入った辛い鍋
どんな味の鍋でも1人ひと鍋のスタイルは小火鍋って呼ぶの
麻辣鍋《マーラーグォ》
刷刷鍋《シュアシュアグォ》(昆布ダシ)
養生鍋《ヤンショングォ》(漢方)
牛奶鍋《ニュウナイグォ》(ミルク)
番茄鍋《ファンチェグォ》(トマト)
南瓜鍋《ナングァグォ》(カボチャ)
いろんなスープの鍋があるんだよ
よくガイドブックに載ってる辛いスープと辛くない白いスープの鍋は何ていうの？
はいっ!
あれは鴛鴦鍋《ユエンヤングォ》
鴛鴦鍋は大きな鍋で食べることが多い鍋だね
火鍋＝鍋料理
火鍋っていうのは鍋料理すべてを指してるの
へー
火鍋って辛い鍋のことだけじゃないんだ!!
ほかにも酸菜白肉火鍋《スアンツァイバイロウフォグォ》石頭鍋《スートウグォ》も人気だよ

さ
行こう
どこ
行くの？
タレは
自分で
作るんだ
醤油
酢
沙茶
パクチー
大根おろし
唐辛子
ニンニク
ネギ
うわー！
たくさんの
薬味！
オススメは
沙茶醤《シャーチャージャン》！
火鍋には
欠かせない
調味ペースト
だよ
魚や干しエビに
ニンニクが
入っていて
コクがあるんだ
どんな味に
なるか
わかんないけど
なんか楽しい〜
モリモリッ
そんな
山盛りにして
おばさん
じゃん！
だって
おばさん
だもーん

数日後
いろんな火鍋食べ歩いて満足〜
沙茶醤お土産にしよっと
よかった
ねえ どの火鍋がいちばん好きだった？
やっぱ酸菜白肉火鍋だな〜
酸菜白肉火鍋
白菜の漬物がたっぷり入ったスープで豚バラや具材を煮る
甘い豚バラと酸っぱい白菜のバランスが絶妙 鍋の形も面白いし
じゃあ今日は何鍋にする？
え〜
今日は暑いし火鍋はちょっと……
おやおや真夏に火鍋を食べてこそ台湾人だよ
うっ！ 台湾人の火鍋愛深すぎ！

台湾人オススメの火鍋

旺角石頭火鍋 中華店⑲

ワンジャオスートウフォグォ

AREA 西門　台北市萬華區中華路一段74號

すき焼きと寄せ鍋が合体したような石頭鍋

最初に鍋で肉（牛、豚、羊から選択）と玉ねぎを炒めたら肉を一度取り出し、そのあと野菜を入れてゴマ油とスープで煮込む石頭鍋。キャベツの甘みが染みだしたスープに自分で投入していく肉はとてもやわらか。小火鍋だけでなく、大人数なら大きな鍋でもいただけます。

台湾人のコメント

★味もいいし、コスパも高いし、店内はきれいだし、大好き　★普通の鍋に比べて香り豊か　★ピーナッツ風味が深い沙茶醬が、豚肉によく合う　★1人でも大勢でも使えるのがいい

好食多涮涮屋 雙城店⑳

ハオシードゥオシュアシュアウー

AREA 中山國小　台北市中山區雙城街19巷5號

肉自慢の火鍋店は、肉の多さと行列にビックリ

牛、豚、羊などそれぞれの肉の種類の多さに、メニューを見てクラクラ。オーストラリア産の牛肉でも、口にすればその質のよさに満足です。岩塩で食べることをオススメされますが、タレよりさっぱりとして肉の味がよくわかります。スープは麻辣、ミルク、昆布、薬膳、キムチなど13種類。

台湾人のコメント

★肉は新鮮で、たっぷりの量で満足できる。リブアイがオススメ　★モンゴル風辛いスープの鍋は漢方のいい香り　★暑い夏はサービスの冬瓜レモンシャーベットですっきり

詹記麻辣火鍋 敦南店㉑

ジャンジーマーラーフォグォ

AREA 六張犁　台北市大安區和平東路三段60號

台湾行きが決まったら すぐに予約の準備を始めよう

毎月1日正午から、翌月末までの予約がオンラインでのみ可能ですが、すぐに席が埋まってしまう予約至難の鴛鴦鍋店。豚骨ベースの辛いスープはコクがありながらさっぱりで、具材がとても食べやすいです。鴨の血をプルンと固めた鴨血と、歯ごたえのある油條（P90）が人気です。

台湾人のコメント

★家族みんなが大好きなお店　★こちらこそ、台北を代表する麻辣鍋店。大勢で行きたい　★大腸、鴨血、油條どれも素晴らしい

台電勵進餐廳㉒

タイディエンリージンツァンティン

AREA 古亭　台北市大安區和平東路一段75巷

社食の枠を超えた、食べ放題の 酸菜白肉火鍋が楽しすぎる

電力会社の社食の酸菜白肉火鍋が美味しすぎて話題になり、一般に開放されたというこちら。昭和の食堂感がたっぷりです。酸っぱい白菜の鍋には豚がいちばん合う！店が提案するタレの配合はニンニクが効いていて、まさに黄金比。前菜の肉団子は鍋に入れてもいい感じです。

台湾人のコメント

★鍋の具材は90分食べ放題！　★この地元感がたまらない　★予約不可なうえ、全員そろわないと入れないのがちょっと大変

中《チョン》餐《ツァン》廳《ティン》

〈中華料理レストラン〉

明日の昼レストランで友達の誕生会するんだけど美菜もどう？
いいの？行く行く！ありがとう！
レストランだからおしゃれしなきゃ……それから……
翌日
はーい
レストランなのにジーンズにTシャツでラフすぎない？
ああ
だいたいのレストランではOKなんだよ

台湾は暑いから
ドレスコードに厳しくないの
みんな日本から来た美菜だよ
こんにちはようこそ〜!!
お…おまねきいただき…
こっち来て来て
ここに座ってよ
みんなフレンドリーだなぁ
※請《チン》、請多多《チンドゥオドゥオ》指教《ツージャオ》！

※よろしくお願いします

わ〜中国語すごい上手〜〜
へへへ…
きっと夕べずっと練習したんだろうな

わ！円卓だ
今日はごちそうだよ
お茶にする？それともお酒？
えっと
菜單 MENU
せっかくの台湾だから紹興酒《しょうこうしゅ》にしようかな
え？20〜30代は紹興酒《シャオシンジョウ》飲まないよ
ガーンッ
そうなんだ……
日本だと中華料理には紹興酒のイメージがあるのに…
大丈夫じゃあ台湾式の飲み方を試してみて
干し梅？
酸っぱくなくて甘ーい
コクッ
それに

海鮮や
鶏肉料理に
とっても合うね
あれは
火鍋？
これは
スープだよ
スープ!?
日本の
中華では
もっと小さな
器で
出てくるよ
スープは
台湾人の
食卓に欠かせ
ないの
いろんな
スープを
いつか
試してみて
うんうん
飲んでみる
美菜 今日は
あんまり
お酒飲まないね
どうしたの？
えっと
……

今日は初めて会う人たちだし酔っぱらったら失礼でしょ
日本ではしょっちゅう酔っぱらって友達に怒られてるんだ
だから……
大丈夫だよ
台湾ではそんなこと気にせず飲んでよ！
いいの!?
1時間後
フウッ！
ははは
やんや
やんや
このあとどうしたもんか…

台湾人オススメの 中餐廳

雞家莊 長春店㉓

ジージャージュアン

AREA 中山　台北市中山區長春路55號

年配の方と行っても安心の味わいとサービス

鶏料理と台湾料理が楽しめるこちらの名物は「三味鶏(三色チキン)」。3種類の鶏の部位違いの身はやわらかく、皮はぷりぷり。鶏自体に甘みがあるので最初はタレなし、途中でショウガダレをつけてみてください。鶏ミンチの麻婆豆腐はなめらかで、鶏飯と一緒にぜひお口へ。

台湾人のコメント

★鶏のスープで炊いた鶏飯は必食
★誰を連れていっても間違いなし。みんな喜んでくれる　★卵の味が濃厚な、硬めのプリンがいい　★サービスも味もいいけど、ちょっと高いかな

客家小館㉔

クージャーシャオグァン

AREA 永安市場　新北市永和區智光街22號

客家料理初体験なら、さっぱり味のこちらが最適

中国大陸の古代王朝の中心地から台湾へ渡った客家(ハッカ)人の味である客家料理。しっかりした味付けが一般的ですが、こちらはどの料理もさっぱりしていて食べやすいです。お店のオススメは「正宗土雞(蒸し地鶏)」ですが、「蔥焙小排(豚肉の醬油煮込み)」もごはんが進みます。

台湾人のコメント

★腐乳味の「四季豆(いんげんとひき肉炒め)」「九層塔煎蛋(バジルオムレツ)」「梅菜扣肉(高菜と豚バラの醬油煮)」は必ず注文　★予約必須。おしゃれで清潔感のあるインテリア

新東南海鮮餐廳 松山店㉕

シンドンナンハイシェンツァンティン

AREA 松山　台北市松山區八德路四段656號

レストランの海鮮料理は得も言われぬ繊細さ

店内に並ぶ海鮮を選んで注文するスタイルは熱炒(P34)と同じですが、テーブルにはクロスが敷かれ盛りつけは豪華で、味付けにも繊細さがあります。そして個室もあってカード可なので、やっぱりレストランなのです。台湾の島の形をしたチャーハンがユニークです。

台湾人のコメント

★蒸し魚がとっても美味しい。刺身も新鮮でイケる
★海鮮がウリだけど、ステーキも何気に美味しい
★お祝いの時などに使えるレストラン

參和院 忠孝旗艦店㉖

ツァンフーユェン

AREA 忠孝敦化　台北市大安區忠孝東路四段101巷14號

キュートで底力のある料理にカメラと箸が止まらない

ハリネズミやウサギの形の可愛い点心や、アイスのコーンに盛られたトコブシ料理など、伝統的な台湾料理をオリジナリティあふれる姿でサーブ。内装もスタイリッシュで、インスタ映えのレストランとして写真好きの台湾人の心を摑んでいます。味だって侮れません。

台湾人のコメント

★オリジナル台湾料理がたくさん～　★おしゃれな空間で台湾らしい味わいの料理をいただけるので、外国人の友達をしょっちゅう連れていっています

美食巡りこぼれ話②

小籠包より大ぶりの生煎包は鉄鍋で焼きあげ、厚みのあるもっちり皮が特徴。専門店もあり、おやつ感覚でも購入できます。日本人が「焼き小籠包」と呼ぶ件については、かなり驚かれ何故かと聞かれます。

第3章

屋台をあっちへこっちへ
食べ歩きは正しい夜の姿!?

夜《イエ》市《シー》

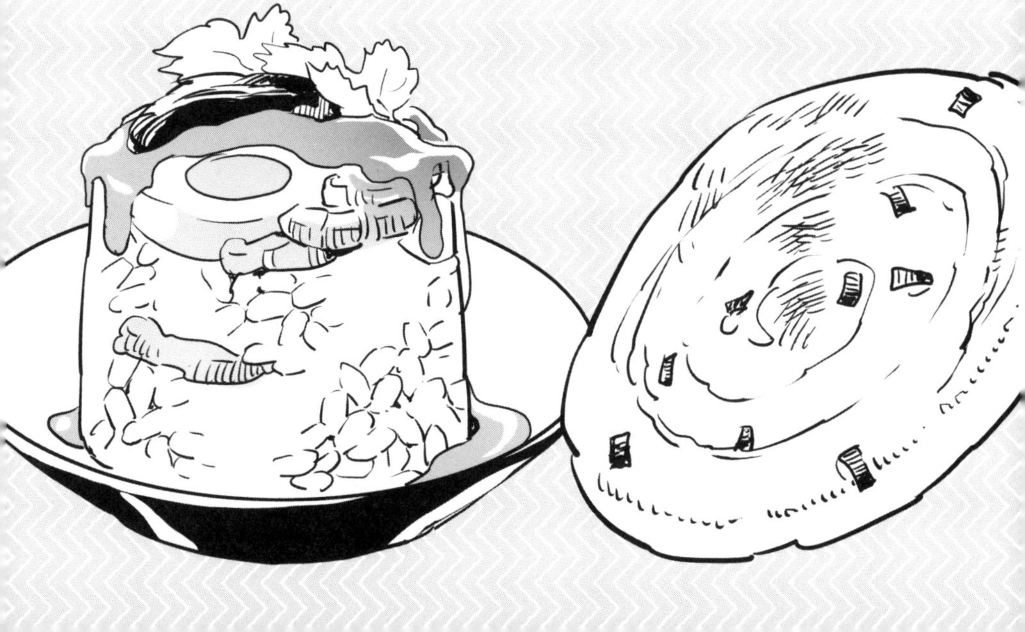

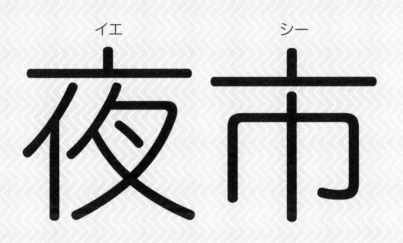

二日酔いなんでしょ自業自得だけどね
う〜レストランが楽しすぎたんだもん…
元気出してよ今日は美菜の好きな夜市に行くんだから
夜市って縁日みたいだよね〜
非日常って感じ
え？非日常？
だって屋台がいっぱい出てて射的とかゲームもあるじゃない
日本だったらお祭りの時にしかないもん
でも台湾人には夜市は日常だよ
学生の時は私も毎日行ってたもん
何ですと!?

阿米ってば クールに 見えて
とんだ お祭り娘 だったんだ⁉
落ち着いて！ 台湾人にとって 夜市は夜食を 食べる場所なの
日本人は 何時に 晩ごはん 食べる？
仕事や 学校終わって 夜の7時から 8時の間かな
台湾人は6時から 7時だから 10時ごろには おなかがすくの
日本だと 夜食って…
受験生に お母さんが 作ってくれる ラーメン うどん おにぎりとか…
炭水化物 だねぇ
台湾は もっと軽食
それに 食べ歩き できるし
二日酔いで 食べられる かな

慈《ツー》祐《ヨウ》宮《コン》
わー お寺の前にあるんだ！
ギラギラしてて台湾っぽくて気分が上がる！
饒《ラオ》河《フー》街《ジェ》夜《イエ》市《シー》㉗
饒河街觀光夜市
Raohe St Night Market
饒河街夜市は全長600メートルくらいで
お寺の前から端まで行ってUターンすれば全部の屋台が見られるよ
慈祐宮
START
饒河街夜市
出入口
MRT
松山
出入口
交通の便がよくて食べ物の種類がいっぱい
観光客も歩きやすいよ
よし！二日酔いに負けないぞ
あ スターフルーツのジュースだ
楊桃汁
古早味

んん？しょっぱい？
鹽
塩漬けにしたスターフルーツと漢方をミックスしてあるんだ
少しクセがあるけどのどにいいし
二日酔いにも効くんだよ
何～！じゃあ飲まなきゃ!!
福州《フージョウ》世《シー》祖《ズー》胡椒《フージャオ》餅《ビン》
わあこの屋台はすごい行列！
ここは饒河街夜市を代表する胡椒餅《こしょうもち》の店
いつ来ても行列だよ
釜の内側にペタペタ貼って面白い～ナンみたい
日本にもこういう調理法ある？
ないね～
人気店だけあって客さばきは速いから
はい
うわあっつ熱

中から肉汁が飛び出すから気をつけて！
わちゃっ！肉汁が！あちゃあちゃっ
……
皮はもっちりしつつパイのようなサクサク感もあるね
ゴロッとした食感のある豚肉はギュッと詰まってて
ネギは甘くて胡椒がよく効いてる！
台湾では料理によく胡椒を使うんだよ
白胡椒は〝台湾の味〟なんだ！
八角が入った※五香もね

※五香…白胡椒、シナモン、クローブ、フェンネル、八角が入っている香辛料

え？八角も入ってるの？
うん
日本人はあんまり好きじゃないのかな？
食べなれない味だからね
でも胡椒餅ならOK～私八角を克服したわ
じゃあ今度八角味の種のおかし持ってきたげる
醤油瓜子《ジャンヨウグァツ》
え？
それは…いいや…

快樂《クァイラ》QQ球《キューキューチョウ》
これは？
ピンポン玉みたいで可愛いね
これは地瓜球《ディーグァチョウ》サツマイモのスイーツだよ
えーサツマイモに見えない
蒸して潰したサツマイモに片栗粉と砂糖をまぜて
油で揚げると…
うわぁ丸くふくらんだ
昔はもっと小さかったんだけど
昔 500円玉くらい
今 ピンポン玉くらい
最近の流行りで大きくなってきたんだ
中は空洞になってて外側はもちもち
甘さ控えめで揚げ物だけど軽い！
食べ歩きにピッタリだね

加賀《ジャーフー》魷魚《ヨウユー》大王《ダーワン》
次は饒河街夜市にしかないスペシャル店
この店は一品だけで勝負してるの
潔い〜
加賀 魷魚大王
現燙魷魚
招牌綜合味
保證好吃
焼きイカはどの夜市でもあるけど
茹でイカは見かけないんだよね
茹でたスルメイカをソースと和える
2階に席があるから座って食べよ
二樓有座位
歩き疲れたから助かる〜
さささささ食べて食べて
ほほー
!!??
このスルメイカのサクサクとした心地よい食感は何事!? こんなイカ食べたことない!!
でしょー

それに このタレは なんなの!?
コクがあるけど ニンニク風味で すっきりしていて イカにたっぷり からめたい～
沙茶
?
沙茶に ニンニクとか 入れた 秘伝のソースが クセになるでしょ
辛さは 4段階から 選べるけど
辣度
大辣 中辣 小辣 不辣
今回は 小辣《シャオラー》(ピリ辛) にしといたよ
台湾バジルも 香りがよくて タレの味と イカの食感の 見事なハーモニー
ああああ なんで ビールが ないんだ ああああああ
はい
WAN BEER
!!!???
なんで ビールが あるの!?
ビール持ち込み OKだから コンビニで 買っといた
うわ―――ん 阿米――― 愛してる―――!!
おおぅ

陳《チェン》董《ドン》藥《ヤオ》燉《ドゥン》排《パイ》骨《グー》 VS. 十《シー》全《チュエン》藥《ヤオ》燉《ドゥン》排《パイ》骨《グー》
道の真ん中にテーブル席がある
隣りあってる陳董薬燉排骨と十全薬燉排骨は店名のとおりどっちも薬燉排骨が名物
薬燉排骨って漢方？
よくわかったね
へへへ薬って字がついてるからさ
風邪ひいたり体調悪い時に食べるんでしょ
体調にかかわらず1年中食べるよ
え？
台湾人は漢方の香りが好きなんだ
さすが漢方が身近なんだ

排骨はスペアリブのことでクコや棗《なつめ》とか
漢方の入ったスープでじっくり煮込むの
うわっ真っ黒
肉は別皿の辛いタレにつけて食べてもいいよ
肉より骨が多い……
肉付きがいいなら山羊肉を選ぶといいよ
豚
排骨
藥燉羊肉
山羊
この2店はそれぞれ特徴があるから飲み比べも楽しいかも
十全
漢方の風味はやわらかく初心者向け。肉は少なめ
陳董
甘みが強いスープ。肉がふっくらしている
来た来た鼻を突くこのにおい!!
臭豆腐《チョウドウフ》だね～
どの夜市にもぜったいある台湾名物私も大好き
台湾人は臭いと思わないの!?
臭いほど美味しそう！って思ってるよ
信じられない!!

臭豆腐にはいくつかの調理法があるけど
揚げたのはそんなに臭くないよ
うそ…臭いんですけど
下港《シャーガン》名《ミン》彭《ボン》臭豆腐《チョウドウフ》
んじゃここにしよっか
皮はサクサク
中はふっくら
ソースはニンニク入りと抜きを選べるよ
キャベツの酢漬けと一緒に食べてみてよ
……
うう…
台湾美食巡りの旅人としては食べるべきだけど
でも…怖い…
食べなきゃ…
けど臭い…

ああああ
悩みMAX
ザッ
!?
……
あれ？臭くない！
でしょ
これって厚揚げをもっと揚げた感じだ全然いける！大丈夫!!
むしろ酒のつまみにピッタリでしょ
よしよしこれで美菜も台湾人に近付いたよ！
美味しいものたくさん食べて飲んで
もうおなかいっぱい
じゃあ甘いもので〆る？

状元糕
花生,芝麻,椰子
これは伝統的なお菓子だけど
最近は売ってる店が少ないんだ
状元糕《ジュエンユェン ガオ》
①米粉と甘い粉（ピーナッツ、黒ゴマ、ココナッツなど）を器に詰める
芝麻
椰子
花生
②蒸し台に挿す
③蒸しあがったら棒で押し上げる
面白い〜
作り置きのでなくその場で作ってもらうのが秘訣
甘さ控えめでもちっとしてて
日本人でもこの素朴な味に懐かしさを感じるなぁ
もう二日酔いは大丈夫でしょ
いつの間にかどっか行ったよ！

食べ物以外にもいろんなものが売ってるね
見たい店ある？

じゃあ鳥占いしたい！
文鳥さん私の恋愛運占って～
鳥《ニャオ》卦《グァ》

南《ナン》機《ジー》場《チャン》夜《イエ》市《シー》㉘
ここは観光客も少なめの
ローカル感満載の夜市
いいねいいね～
南機場夜市
古《グー》早《ザオ》味《ウェイ》碳《タン》烤《カオ》玉《ユー》粉《ミー》
焼きトウモロコシは日本の縁日でもあるよ
でも色が違う…
基本は3種類のトウモロコシから選べてそれぞれ食感や味が違うの
焼き 茹での屋台があちこちにあるよ
黄色
水分が多くやわらかくいちばん甘い
白色 黄色より硬めで甘さ控えめ、香りがいい
紫色
もちもち食感。甘みはほぼない
うわ！何このねっとりとした食感！甘いタレがよく染みてる
日本だと1本丸ごとトウモロコシを食べる機会は少ないんだよ
え？でもアニメで観たことあるよ
となりの○○○
あれは昔の田舎が舞台だったから…

臭《チョウ》老《ラオ》闆《バン》現《シェン》蒸《ゼン》臭《チョウ》豆《ドウ》腐《フ》
揚げた臭豆腐は食べられるようになったから違う調理法の臭豆腐に挑戦してみてよ
え？まさか臭いがきついっていう煮込みタイプじゃ…
ここのは珍しい蒸しタイプ
醤油ベースのスープに枝豆きのこ バジルが入ってて
店の中も臭くない
くんくん
蒸しだと豆腐本来の味が深いんだ
あとショウガも入ってる
だからさっぱりしてるんだ
深坑《シェンクン》の蒸し臭豆腐とは違う美味しさがあるね
あ でも
深坑の臭豆腐と比べるべきではないかもしれないよね だってどこも特徴があるから
ペラペラ
ペラペラ
石碇《シーディン》で食べたのも美味しかったなあれは焦がし風味で どこでも食べたことのない味わいがあった それから
あの…
阿米さん？

いつもはこんなに熱く話さないのに…
そんなに臭豆腐好きなんだ……
ん？ ブリンと弾力があってごはんにも合いそう！
わかった！ 揚げはつまみで蒸しはおかずだ！
臭豆腐かなりマスターしたじゃない 次は上級編の煮込みだね！
うっ
無《ウー》名《ミン》古《グー》早《ザオ》味《ウェイ》焼《シャオ》餅《ビン》
この屋台すごい行列
私たちも並んでみよっか
小豆
豚肉＋ネギ
豚肉の餡入りはしょっぱくて薄皮のサクサク感がいいね
同じ皮でも小豆入りは甘さ控えめ私はこっちが好きだな

美蘭《メイラン》阿《アー》姨《イー》果《グォ》汁《ジー》吧《バー》
果物が並んでる～
フレッシュジュースの店だね
苦瓜汁 70
五味胡蘿蔔汁 70
紅蘿蔔汁 50
香蕉牛奶 60
蕃茄汁 60
奇異果汁 60
酪梨牛奶 70
木瓜牛奶 65
綜合果汁 60
種類いっぱいどれ飲もっかな
台湾には果物の種類がたくさんあって外国人には珍しいものもあるよ
マンゴー
牛乳
アボカド
スイカ
アボカドミルク!?
パパイヤ
バナナ
ジュースだとナイフなくても果物が食べられるからありがたいわぁ
ん？この赤いのは？
マンゴーやスイカが好きなんだけど珍しい果物も捨てがたい
うわ～選べないよ
これはドラゴンフルーツ
すっごく神秘的
MENU
じゃあドラゴンフルーツにしなよ

なんで？
マンゴーもスイカも何度か飲んだことあるんでしょ
まあね……
だったら違うのを試しなよ
確かにね
ほんのり甘くてさっぱりで阿米の言うこときいてよかった
それは何より
次は何食べる？
南機場夜市には「水餃子通り」があるんだって
ほんとだ水餃子のお店が何軒かあるね
食べてみようよ
來《ライ》來《ライ》水《シュイ》餃《ジャオ》
豬肉大白菜水餃 每份10個 70元
ニラ餃子は平日だけなんだ
何個にする？
ここは10個単位だね

厚めの皮が すっごい やわらかくて トゥルン
この野菜は …白菜？
だね！ 白菜がサクッ 肉汁は いっぱい
これは やさしい 味だね〜
吾《ウー》旺《ワン》再《ヅァイ》季《ジー》
ここも 行列だ
これは 食べてみなきゃ なりませんな
一人限購四個
1人 4個まで だって
何！
みんなが ほしがる 潤《ルン》餅《ビン》とは!?
…

青のり
油揚げ
魚鬆《ユーソン》
（魚でんぶ）
豚の粕漬け
干し豆腐
もやし
①米粉で作った２枚の薄い皮の上に
ソース、甘いピーナッツの粉、具材をのせる
大根
②くるくると
巻き上げる
うわぁ野菜がモリッモリ！
白菜
パクチー
これって生春巻きだ
だよ
シャキシャキ野菜に甘いピーナッツが合っててどんどん食べちゃう
豚の粕漬けも香ばしくて皮ももっちりしてていいね
はあ～腹パンだぁもう食べられない
んん？夜市のはずれにも人が並んでる
ここは車輪餅《チャールンピン》の屋台だね
珍しい餡もあるみたい
日本の回転焼きにない味なら食べる！
……

芋頭《ユートウ》
(タロイモ)
菜脯《ツァイボー》
(切り干し大根)
しょっぱい切り干し大根に甘みのある皮とのバランスが絶妙！
タロイモはすごくねっとりしててかなり甘いな
ねえ阿米
トイレ行きたいな
ここら辺にデパートかコンビニある？
あ
だったらさっきトイレの看板見かけたよ
W.C
あったあった
あ〜すっきり
何見てんの？
W.C. MAP
この夜市にはトイレ地図があるんだお見事！
饒河街夜市みたいに大きくないけど食べ物の種類が豊富だったね
うん それにトイレ地図とか工夫されてて感心したわ

鈴鈴鈴鈴
もしもし？
阿米！大変！私病気になっちゃった!!
血
血便……!!!!
ああ
大丈夫 昨日 美菜はドラゴンフルーツジュース飲んだでしょ
え
その赤色だから美菜の消化がいい証拠だよ～

まだまだ食べたい

夜市メシ

米腸《ミーチャン》

もちもちのもち米を腸に詰めたもの。糯米腸とも呼ぶ

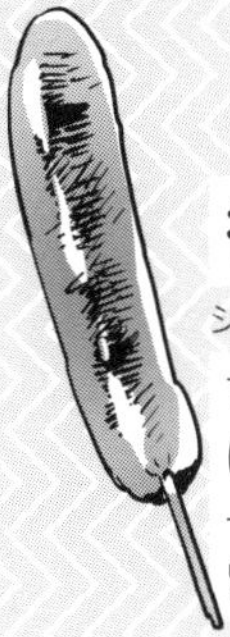

香腸《シャンチャン》

甘いソーセージは生ニンニクと一緒に食べると旨み最強

大腸包小腸《ダーチャンバオシャオチャン》

香腸を米腸ではさんだライスドッグ。ボリューム満点

肉圓《バーワン》

豚肉ベースの餡をぷりぷりの片栗粉で包んだもの

米糕《ミーガオ》

プリン型の豚肉おこわは北部式。南部では肉鬆がかかる

蔥抓餅《ツォンジュアビン》

ネギを包みこんだ生地は塩味でパイのようにサクサク

麻糬《マーシュー》

ピーナッツ粉をまぶした餅。小豆やゴマなどの餡入りも

雞蛋糕《ジーダンガオ》

ベビーカステラ。球形や動物など店ごとに形はいろいろ

骰子牛《シャイツニョウ》

サイコロステーキ。塩やクミンなどの味を選べる店も

滷味《ルーウェイ》&鹽酥雞《イエンスージー》
夜市には必ずこんな感じの煮込みや揚げ物の屋台があるんだ
いろんな食材を自由に選べるの
楽しそうだけどどうやって注文したらいいのかわかんないよ
じゃあ説明したげる

①まずザルとトングを取る（屋台の脇にあることが多い）
②食べたい食材をザルに入れる
③店員さんに渡して番号札をもらう
これでお願いします
OK!
④店員さんが食材を食べやすく切ってくれる

⑤ダシで煮込む
（鹽酥雞の場合は揚げる）
盛りつけて
完成！
ビールに
合う～
代表的な食材
油揚げ
20～30元
鶏レバー
30～40元
練り物
15～20元
魚の豆腐
20～30元
インスタントラーメン
10～15元
タロイモ入り
の餅
10～15元
豚の血をまぜた
もち米
20～30元
干し豆腐
15～20元
うずらの卵
20～30元
冷《ラウン》滷《ルー》味《ウェイ》
野菜類 25～30元
すでに煮込まれ
冷ましたタイプの
冷滷味は
鶏の脚や
内臓もあって
ダシが染みてるよ

雞排

ジーパイ

少し甘みのあるスパイスが効いた巨大フライドチキン

糖葫蘆

タンフールー

飴をかけたミニトマトやイチゴの串。酸味と甘みがマッチ

豬血糕（米血糕）

ジューシェガオ（ミーシュエガオ）

豚の血をまぜたもち米に醬油ベースのタレとパクチーとピーナッツ粉をまぶす

大腸麵線＆蚵仔麵線

ダーチャンミェンシェン＆ウアミェンシェン

モツやカキをのせた、ダシの味が濃いあんかけそうめん

蝦仁煎＆蚵仔煎

シャーレンチェン＆ウアチェン

蝦仁（エビ）、蚵仔（カキ）がそれぞれ入った甘いタレのかかったオムレツ

第４章

今日一日のパワー注入！
種類いっぱい朝ごはん

早《ザオ》餐《ツァン》

蛋《ダン》餅《ビン》

〈台湾風おかずクレープ〉

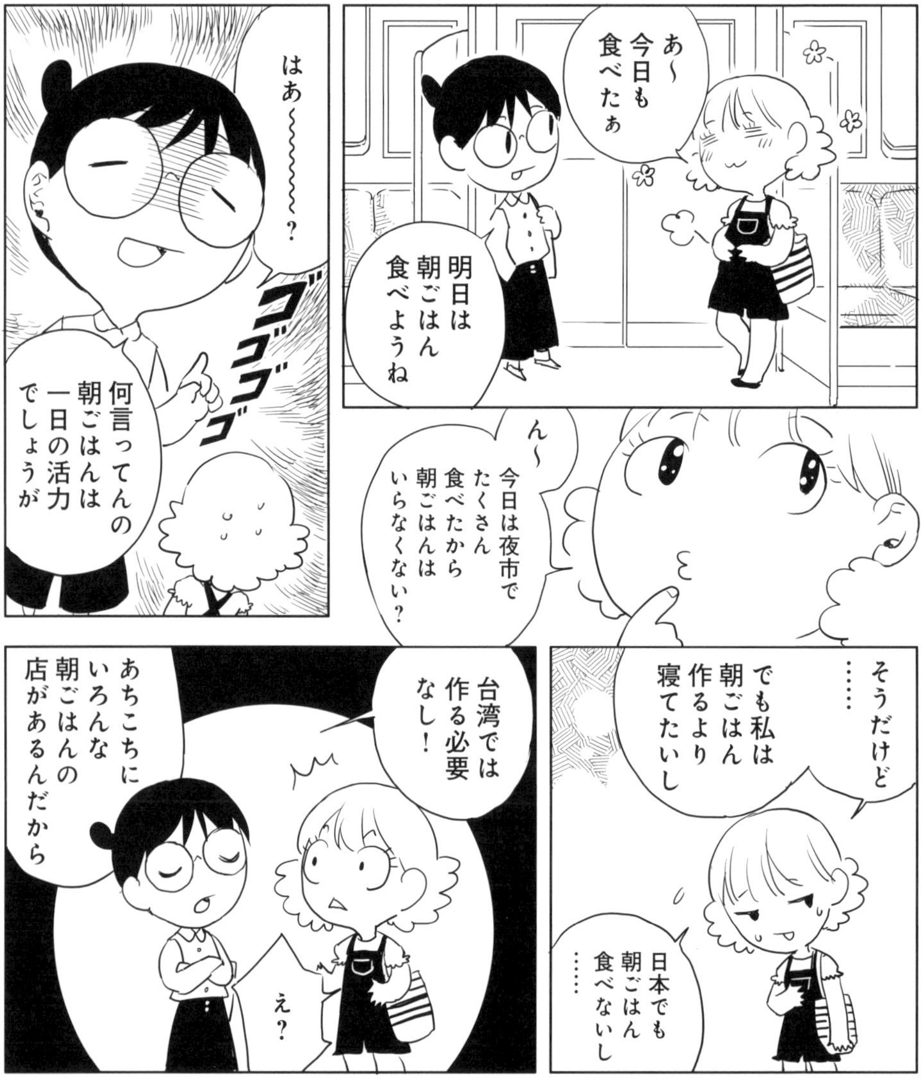
あ〜 今日も 食べたぁ
明日は 朝ごはん 食べようね
ん〜 今日は夜市で たくさん 食べたから 朝ごはんは いらなくない？
はあ〜〜〜〜〜〜？
ゴゴゴゴ
何言ってんの 朝ごはんは 一日の活力 でしょうが
そうだけど…… でも私は 朝ごはん 作るより 寝てたいし
日本でも 朝ごはん 食べないし……
台湾では 作る必要 なし！
え？
あちこちに いろんな 朝ごはんの 店があるんだから

明日はぜったいに朝ごはん食べさせるから
ん〜
Bye Bye
翌朝
ふわぁ
おはよー
さぁ朝ごはん食べに行くよ
まずは台湾の朝ごはんを説明するよ
伝統的な朝ごはんがそろう早餐店《ザオツァンデェン》
軽食とコーヒーを楽しめる簡餐店《ジエンツァンデェン》
おにぎりやサンドウィッチの専門店もあるの
いいな〜
日本だとコンビニくらいだもんなぁ
人気ナンバーワンは蛋餅
早餐店にはたいていあるよ
うわぁすごい行列
朝のうちに食べられる？
大丈夫 作るの速いからそんなに待たないよ

三明治
蛋餅
蛋餅 30
火腿蛋餅35
培根蛋餅35
餅って字が付いてるけど日本のお餅みたいなもの？
「蛋」は卵「餅」は小麦粉の皮のこと
溶き卵と水溶き粉を焼いてから巻きあげるの
お餅じゃなくてクレープみたい
甘い醤油をかけてね
ハム
肉鬆
ベーコン
チーズ
トッピングもいろいろ選べるけど
私のイチオシはチーズ！
わぁ
チーズがとろっとろ〜〜〜〜
トロ〜〜ッ
モキュッとした皮に卵の甘みそしてチーズの塩気がからみあう〜

ははは
学生カップル？
くぅ〜 朝っぱらからデートしちゃって羨ましい!!
デートじゃなくて朝ごはん食べてるだけ
へ!?
実家暮らしの学生カップルが朝ごはんや夜食を一緒に食べるのは普通だから
……そうなんだ
モキュッとした皮は昔ながらなんだけど最近はサクサクタイプも人気
わあ可愛い店！
サクサクタイプは最近の流行りだからおしゃれな店が多いよ

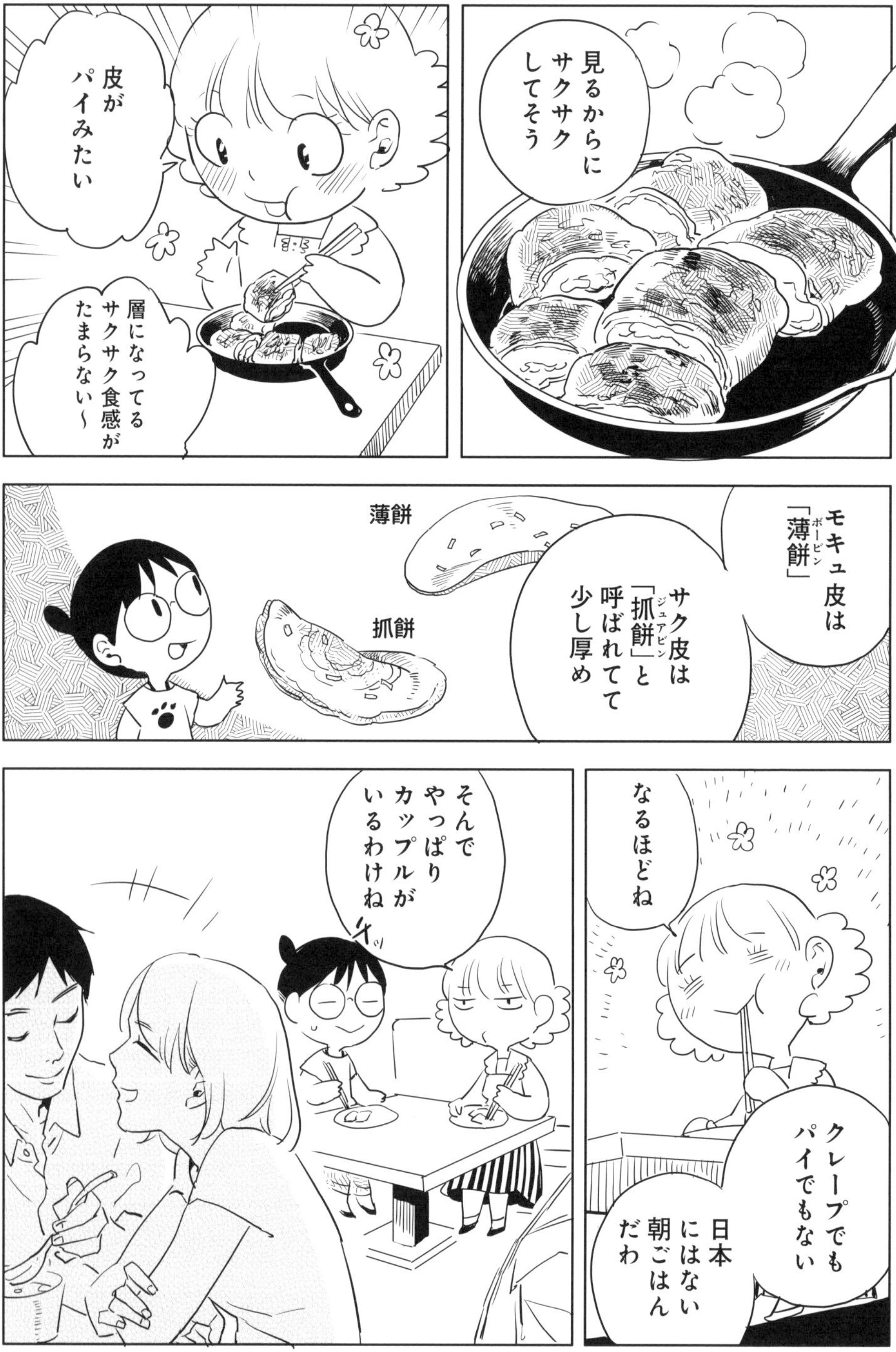
見るからに サクサク してそう
皮が パイみたい
層になってる サクサク食感が たまらない〜
モキュ皮は「薄餅《ボービン》」
サク皮は「抓餅《ジュアビン》」と 呼ばれてて 少し厚め
薄餅
抓餅
なるほどね
クレープでも パイでもない
日本 にはない 朝ごはん だわ
そんで やっぱり カップルが いるわけね

台湾人オススメの蛋餅

LOCO FOOD 樂口福㉙

ロコフード ラーコウフー

AREA 南京復興　台北市中山區南京東路三段89巷5-4號

スキレット蛋餅を、可愛いハワイアンな店内で

外のカウンターで注文をしてから、ブルーが基調の店内へ。スキレットにのった蛋餅はサクサク。「衝蔥蔥三星捲培根蛋捲（三星葱とベーコンの蛋餅）」はチーズの塩気が宜蘭名物のネギの甘みを引き立てます。パイナップルレモンやキウイバナナなどのフルーツシェイクは量がたっぷり。

台湾人のコメント

★普通の朝ごはん屋さんじゃない！　とても繊細な蛋餅は、スキレットで出てきておしゃれ。ハンバーガーも種類がいっぱい　★駅から少し遠くて歩くけれど、いつも行列

天橋下豆江之家㉚

ティエンチャオシャードウジャンジージャー

AREA 永春　台北市信義區忠孝東路五段480號

米粉の皮のツルモチ食感も試す価値あり

蛋餅や豆漿類（P90）、饅頭など伝統的な朝ごはんのメニューが豊富です。蛋餅は昔ながらの小麦粉の皮以外に、珍しい米粉の皮の乳酪蛋餅シリーズもあります。こちらは皮の表面がツルッとして、食感はもちもち。イートインは店内、テイクアウトは店外のカウンターで注文します。

台湾人のコメント

★「火腿蛋餅（ハム蛋餅）」はいい香り。卵かチーズをトッピングすると美味しさアップ。甜豆漿と一緒に注文するのが定番　★18時～翌11時まで開いているので、仕事帰りもOK

BUS蛋餅坊㉛

バスダンビンファン

AREA 內湖　台北市內湖區內湖路二段193號

ピクニック気分の朝は
マイクロバスから生まれる

店内に置かれた赤いマイクロバスのなか(!)で焼かれたサクサクタイプの蛋餅は、テイクアウトの場合はカットされておらず、丸かじりでいただきます。肉包（肉まん）や豆乳などの飲み物と一緒に、すぐそばにある碧湖公園で湖を眺めながらほおばるのも気持ちがいいですよ。

台湾人のコメント

★蛋餅のパイ状の皮の層が厚い。原味（プレーン）と起司（チーズ）がオススメ　★オーナーは気まぐれで店を開けてる感じ（？）なので営業の有無に注意

巴克斯 BOX㉜

バークーシー ボックス

AREA 國父紀念館　台北市大安區延吉街137巷30號

できあがりが待ち遠しい
野菜たっぷりヘルシー蛋餅

「高麗菜蛋餅（キャベツ蛋餅）」は甘みのあるザクザクのキャベツがサクサク生地と心地よい食感を生みます。タレがなくてもいけますが、辛党は店オリジナルの「小魚干辣椒（小魚入り辛いソース）」をぜひ。テイクアウトのみで、じっくり鉄板で焼くため注文から4～7分待ちます。

台湾人のコメント

★「高麗菜蛋餅」のサクサクさがたまらない！　自家製の「小魚干辣椒」はかなり辛くて、蛋餅につけるとさらに旨い！　★行列店。20分ほど待つことも

焼《シャオ》餅《ビン》油《ヨウ》條《ティァオ》 豆《ドウ》漿《ジャン》

〈揚げパンサンド・豆乳〉

ねえねえ
早餐店の
カウンターに
挿さってる
茶色いの
って何？
あれは
油條
小麦粉の
生地を
油で揚げた
パンだよ
けっこう
長いし
脂っこそう
中はスカスカ
してるから
見た目ほど
重くないよ
これだけで
食べるん
じゃなくて
いろんな料理と
合わせるの
ふむふむ
朝ごはん
だったら
焼餅油條
ちょっと
待った！
あの…
阿米？

これ…
パンinパンじゃないの？
うん パンinパンだよ
ちょっ
変だと思わないの？
うん 変だよね
子供のころママが買ってくれようとしたけど嫌がったもん
でも…
試しに食べてみたらめっちゃくちゃ美味しかったの
えー？？何これ…？
……
だから美菜も試してみてよ～

んっ！
ガブッ
外のパンは少し甘みのあるパイ生地のよう
油條はサクッ2種類のパンの食感がまざりあって面白い！
鹹《シェン》豆《ドウ》漿《ジャン》
切り干し大根やネギ、干しエビなどが入った塩味の食べる豆乳
「焼餅」は焼いたパンのこと小麦の香りがまっすぐ伝わるでしょ
焼餅油條は伝統的な台湾の朝ごはん
油條は鹹豆漿との相性も抜群だよ
焼餅油條
パイのようなパンの中に油條を挟む。玉子焼きを追加することもできる
鹹豆漿っておぼろ豆腐みたいのでしょ？ガイドブックでよく見るよ
食べてみたかったんだ！
酢で豆乳が固まってく
ん～
やさしい味わいで二日酔いの朝にもピッタリだね

油條はすぐにふやけるからサクサク食感が好きならすぐに食べてね
あー これって
天ぷらうどんみたいに油條の油分が豆乳に染みてコクが出るのもいいね
でもね 鹹豆漿ってお年寄りの食べ物のイメージなんだ
え？若者は食べないの⁉
片手で食べられないし
忙しい朝には食べるのが面倒だからね
若い人にとっての豆乳は冷たい飲み物
甘くて冷たくてすっきり
日本のよりクセもなくて飲みやすい
ズズーッ

あたたかい甘い豆乳もあるけどそっちにも油條をひたすよ
でも冷たいほうが若者には人気饅頭《マントウ》が合うんだよね～
え？饅頭《まんじゅう》？甘いお菓子に甘い飲み物合わせるなんて台湾の若者は大胆でんな
台湾でもんなことあるかい！
台湾の饅頭は中に餡も何も入れない蒸しパンのこと
肉とかの餡入りは包子《パオツ》っていうの
プレーン以外に黒糖やタロイモとかを練り込んだ皮もあるよ
朝ごはんでは饅頭に玉子焼きを挟むんだ～
饅《マン》頭《トウ》夾《ジャー》蛋《ダン》
あっつ熱でふっかふか！玉子焼きの塩気もよく合ってる
みんな食べてみてね
誰に言ってんの？

台湾人オススメの 燒餅油條 豆漿

阜杭豆漿㉝

フーハンドウジャン

AREA 善導寺　台北市中正區忠孝東路一段108號2樓

1時間待ちもある人気店は、台湾人も並ぶ味

鹹豆漿は油條とネギ、小エビなどが入りますが、さらさらとしていて「食べる」より「飲む」感じ。豆乳にひたった油條はあまりやわらかくなりすぎないので食べやすいです。厚焼きパンに玉子焼きを挟んだ「厚燒夾蛋」はパンの表面に砂糖をまぶし、もっちりと弾力のある噛み応え。

台湾人のコメント

★鹹豆漿讚（イイネ）！　★「厚燒夾蛋」はパンのサクサク加減が絶妙、鹹豆漿は味がしっかりしていて旨ーい　★平日でもかなり並ぶほどの人気なので、その分さらに美味しく感じる!?

新鮮豆漿店㉞

シンシェンドウジャンデェン

AREA 古亭　台北市大安區潮州街35號

70年変わらない老舗の味と笑顔にほっこり

70年以上続く朝ごはん屋さんで、3代目の女将がニコニコと切り盛りしています。女将激推しの「饅頭夾蛋（玉子焼きを挟んだ饅頭）」はふっくらとした皮の甘みと、玉子焼きの塩気がよいバランス。甜豆漿は炭の香ばしさがあり、「昔ながらの豆乳」と台湾人が太鼓判を押す味です。

台湾人のコメント

★老舗らしい、はずれのない堅実な味　★引っ越ししたので店内は清潔感はあるけれど、昔ながらの趣がなくなってしまったのが残念　★油條はしっとりした口あたり

小丁豆漿店㉟

シャオディンドウジャンデェン

AREA 明德　台北市北投區明德路172號

どうやって食べたらいい？ パンからあふれるロング油條

燒餅油條は注文時に番号札をもらって少し待ちますが、窯で焼きあげた焼きたてのパンに油條を挟んでくれます。1メートル以上ありそうな長い油條がパンから大幅にはみだし、すごい迫力です。でも脂っこさはなくカリッとした食感が、香ばしいパンととても合っています。

台湾人のコメント

★油條は外はカリッ、中はやわらか　★30年続く老舗による自家製の燒餅は、実直な味わい　★「韮菜盒（ニラのお焼き）」はニラと春雨の餡がたっぷり

鼎元豆漿㊱

ディンユェンドウジャン

AREA 中正紀念堂　台北市中正區金華街30-1號

阜杭豆漿に並ぶ人気店で パンinパンの奥深さを堪能

こちらではサクサクの油條を、刻みネギ入りの厚みのあるパンに挟んだ「蔥花餅夾油條」を。ネギの香りが立ちのぼり、パンinパンの新たな世界を見せてくれます。観光客も地元の人も詰めかける人気店なので、イートインなら悩まず空いている席をサッとキープしましょう。

台湾人のコメント

★素晴らしい台湾の伝統的な朝ごはん屋さん！　★食べたい朝ごはんメニューはなんでもある　★日本人がいっぱいで、日本語メニューも用意されてた

飯糰《ファン トゥアン》

〈おにぎり〉

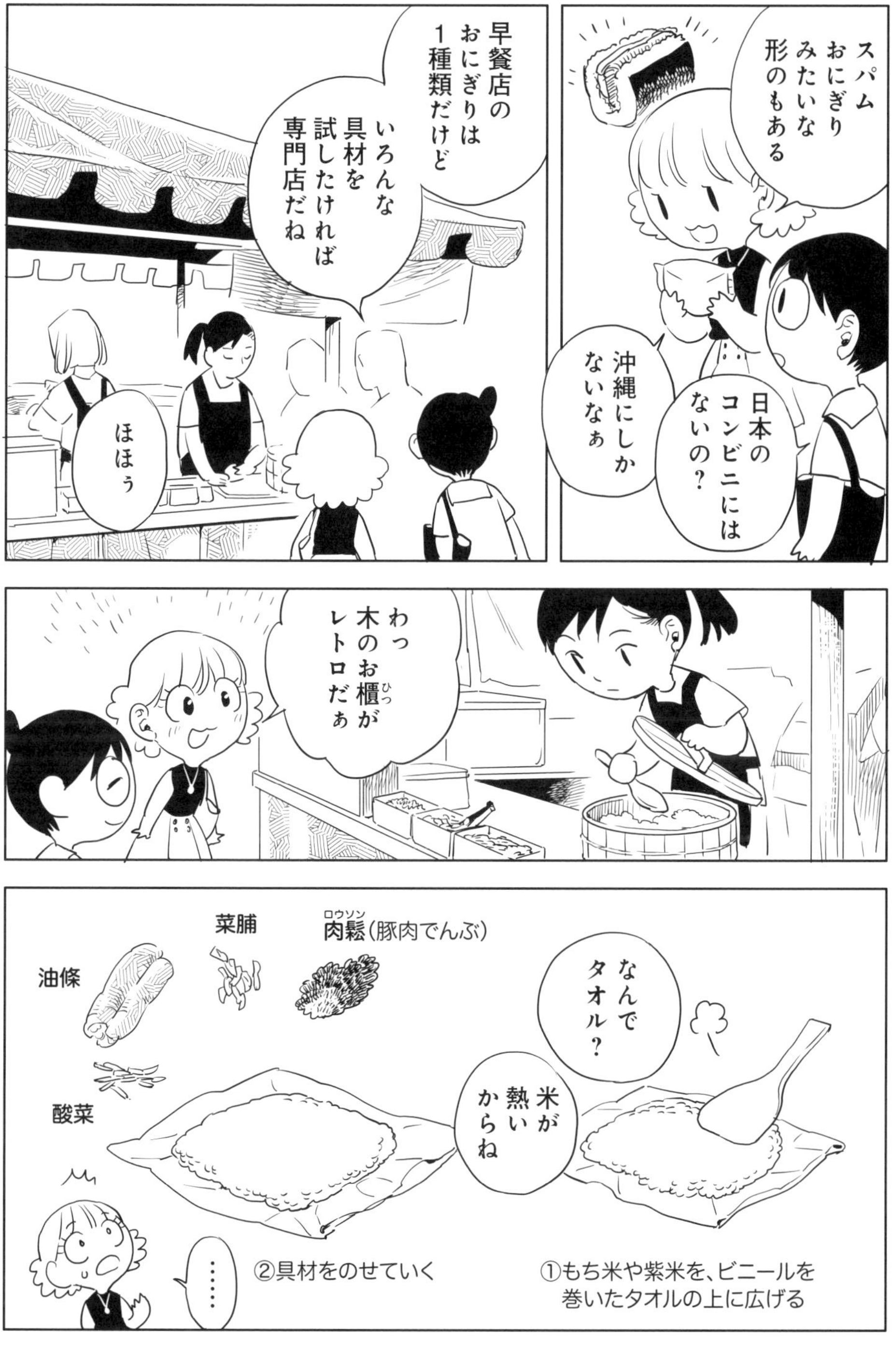
スパムおにぎりみたいな形のもある
日本のコンビニにはないの？
沖縄にしかないなぁ
早餐店のおにぎりは1種類だけど
いろんな具材を試したければ専門店だね
ほほぅ
わっ木のお櫃《ひつ》がレトロだぁ
肉鬆《ロウソン》(豚肉でんぶ)
菜脯
油條
酸菜
なんでタオル？
米が熱いからね
①もち米や紫米を、ビニールを巻いたタオルの上に広げる
②具材をのせていく
……

③にぎってゆく
ほかにはソーセージツナコーンもお好みで
私は煮卵が好きなんだ
完成!
あっという間にできちゃった
大きい！じゃあ…食べるよ
何?
さっきから変だよ
だってさ油條が入ってるんだもん
ごはんにパンはちょっと…
あっだけどもっちもちのもち米にサクサクの油條って合うんだね
油條は万能
熱々サクサクのうちに召しあがれ
はーい
でもさ日本にも焼きそばパンあるじゃないパンに麺
う…すみません

台湾人オススメの飯糰

上順興香Q飯糰㊲

シャンシュンシンシャンキューファントゥァン

AREA 忠孝敦化　台北市大安區忠孝東路四段205巷7弄

さっぱり味なので、大きくてもどんどん食べ進む

種類は目玉焼きがありかなしかだけで、とにかく大きい！酸菜や肉鬆などの具材はどれかの味が突出することなく一体となっています。もち米はもっちりしながらサクッという、ほかにはない新鮮な食感。お店のおじさんは陽気でノリがよく、日本人にも慣れています。

台湾人のコメント

★油條がサクサク！　★自家製の菜脯は、甘じょっぱくて最高　★オリジナルの飯糰が何より美味しく、全体的に薄味なので食べ飽きない　★具がモリモリ入っていて満足

My飯糰㊳

マイファントゥァン

AREA 新埔　新北市板橋區文化路一段421巷2號

冷めても油條はザクザクの、ピリ辛おにぎり

菜脯、酸菜、油條、肉鬆（もしくは魚鬆か素鬆）がデフォルト。油條は、冷めてもふにゃっとならずその食感が残っています。辛さは三段階から選べますが、中辣でもピリッとして辛党でも満足できます。聞きなれない新埔駅は、観光地の龍山寺駅からたったふた駅。お店は駅近なので、訪れる価値ありです。

台湾人のコメント

★飯糰の具は20種類近くとたくさんあって、どれも丁寧に作られている　★紫米と白米のミックス（＋10元）を選べるのがうれしい　★新埔駅の1番出口からすぐ

活力飯糰 師大路㊴

フォーリーファントゥァン

AREA 古亭　台北市大安區師大路39巷8號

洋風おにぎりと思いきや やっぱり台湾風味が潜んでる

ミートソース、ゴボウ入りなどオリジナリティあふれるメニューは約30種類。玉子焼きか煮卵を選ぶこともできます。でも油條や肉鬆がデフォルトなのが、やっぱり台湾風。握りは少々あまくもち米が崩れるので、食べる前にビニールの上からギュッと握りなおしましょう。

台湾人のコメント

★紫米も選べる（＋10元）　★学校（国立台湾師範大学）のすぐ近く。朝ごはんに買っています　★オーナーの感じがいい

劉媽媽飯糰㊵

リュウマーマーファントゥァン

AREA 古亭　台北市中正區杭州南路二段88號

ボリュームはあるけれど 上品さを感じる姿形

紫米、白米、混合（紫＋白）が用意され、多くの人が紫米を選んでいました。甘くなりがちな肉鬆も、こちらのはさっぱり。プラス5元でのりをトッピングすることもできます。健康を考え甘さを控えた飲み物のなかには、焦がし風味の「黒豆漿（養身黒豆の豆乳）」もあります。

台湾人のコメント

★この店のように、もたれない飯糰って意外と少ない　★種類が多い（25種類）。素食（ベジタリアン用）も豊富

三《サン》明《ミン》治《チー》

〈サンドウィッチ〉

日本の朝ごはんってごはんに味噌汁なんでしょ？
うーん でも最近はパン食べる人のほうが多いと思う
今は高級食パンが流行ってるんだ
台湾でもパンが増えてサンドウィッチをよく食べるよ
ふーん で今日の朝ごはん何？
だからサンドウィッチだよ
え～いいよ～
台湾来てまでサンドウィッチなんて……
美菜はサンドウィッチ食べないの？
最近甥っ子を実家で預かってて
毎朝パンを食べたがるんだよね

うちはもともとごはん党なのに今は毎日サンドウィッチ
甥っ子は可愛いけどストレスも…
わかるよ
自分の子供の写真を毎日SNSにアップしたりさ
時々見るくらいが可愛いって思えるのに
そうなんだよね！
まぁ それはそれとして
日本のサンドウィッチとは違う発見があるかもよ？
うん…
台湾のサンドウィッチは2種類あって
ホットサンドと焼かないタイプのホットサンドは烤吐司《カオトウスー》とも呼ぶよ
鉄板でパンを焼くんだ

窯焼きや炭火焼きの専門店もあるよ
鮪
具は卵ベーコンきゅうりトマトツナ…
日本と同じだね
でもこれは日本にない味でしょ
豬肉蛋土司
ああー
この豚肉のソテー台湾の味がする！
ニンニクや醤油砂糖に五香が入ったタレに漬け込んだ豚肉だからね
糖
ああ五香の味か〜
日本のより甘い感じ
台湾のマヨネーズは甘いから

うわぁ～
ほんと甘い！
練乳みたい
これだけ
なめると
甘すぎだけど
豚肉にからむと
まろやかな
甘みになって
クセになるね

※メイナイズイーバン…マヨネーズ半分で

カロリーが
気になるなら
マヨネーズを
減らして
もらえるよ
※美乃滋一半！
それは
ありがたい！
同じような
トッピングで
ハンバーガーも
あるんだ
はぁ～
台湾人は
パンに具を
挟むのが
好きだね
ピンポン
いらっしゃい
ませ～
ボク
チーズサンドが
食べたい！

すみません
今日はもう
チーズサンドは
売り切れで
……
え〜
しょうが
ないでしょ？
また明日
来ましょ
わあぁ〜
やだやだやだやだ
チーズサンドが
食べたい〜〜
……
はむっ
い…
いやこれ
チーズ
サンドじゃ
ないから！
ははは…

台湾人オススメの 三明治

可蜜達Comida 林森店㊶

クーミーダー

AREA 雙連　台北市中山區林森北路310巷24號

チーズトーストが食べられず、少年がすねてた店

4枚重ねのふわふわのミルク食パンの断面からとろけだすチーズの美しいこと！　自家製のナッツのジャムがほんのりと甘みを演出し、豚肉、卵、チーズの旨みを引きたてます。看板には食材のこだわりを掲げ、自信のほどがうかがえます。席数が多い北門店もあります。

台湾人のコメント

★あまりにも魅惑的な「起司肉蛋吐司（チーズポークエッグトースト）」
★「鬼椒起司肉蛋吐司（ジョロキア唐辛子チーズポークエッグトースト）」！　辛くて美味しい！

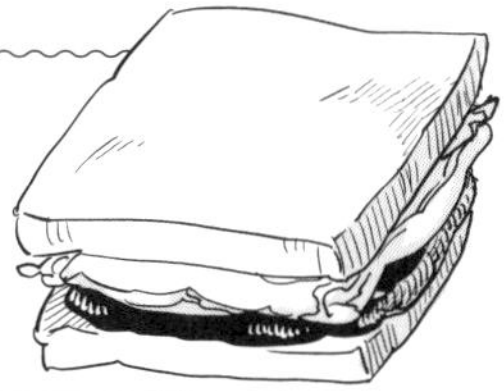

三三活力早餐 永和店㊷

サンサンフォーリーザオツァン

AREA 永安市場　新北市永和區保平路224號

老若男女が集う、昔と今がまじりあう朝

サンドウィッチや蛋餅など、台湾らしい朝ごはんの定番メニューが並びますが、グリーンを基調にした店内はおしゃれ。でもやっぱり、「肉蛋吐司（ポークエッグトースト）」の豚肉は八角がほんのり効いているのです。蛋餅はサクサクタイプで、その点は今風（P87）!?

台湾人のコメント

★「肉蛋吐司」が大好きすぎて、クルマを飛ばして食べに行ってます　★注文したらあっという間に運ばれてくる　★ほかの有名なサンドウィッチ店よりここが好き

雅加達早餐店 杭南店㊸

ヤージャーダーザオツァンデェン

AREA 善導寺　台北市中正區杭州南路一段10之3號

これぞパンを愛する台湾人の正しい(!?)朝ごはん屋スタイル

オープンエアな店構えもメニューも、パン食朝ごはんにおける正統派のお店です。「鮪魚蛋三明治（ツナ卵サンドウィッチ）」の味付けはマヨネーズくらいでシンプルですが、ツナときゅうりの味が際立ち、その素朴さにホッとします。食パンは、やわらかさが活きる絶妙な焼き加減です。

台湾人のコメント

★サンドウィッチの種類はベーシックながら10種類以上ある　★アートイベントスペースの華山1914文化創意産業園區のすぐ近く

土司吐司㊹

トゥースートゥースー

AREA 公館　台北市中正區汀州路三段160巷4-3號

朝9時から販売の店長推薦サンドウィッチも要チェック

クルミが入った竹炭と麦、そしてミルクの3種類の自家製パンから2種類を選びます。日替わり限定の「店長推薦」で「起士三明治（チーズサンド）」に出合えたらぜひ注文を。チーズにハムだけとシンプルですが、濃厚な3種類のチーズのからみあう味わいにノックアウト必至です。

台湾人のコメント

★仕事中の差し入れでもらって以来大ファンになりました　★ポテトチップを具材としてトッピングできる　★自家製パンはどんな具にも合う

美食巡りこぼれ話③

パン屋さんで不思議なパンを見かけたんだ
肉鬆がかかってるの
あ〜懐かしい肉鬆パンだね台湾の基本の味だよ
マジ!?
子供のころは肉鬆パンとプリンパンが好きだったな
プリン
メロンパン
プリン……パン!?
台湾パンって不思議!!
でももっと謎だったのが……
滷味をパン屋さんで売ってたんだけど!?
なんで!?
その理由は私も知らない…
買ってるけど
ひぇ〜

滷味があるのは、順成蛋糕、世運食品、凱樂烘焙坊など昔ながらのチェーンのパン屋さん。夕方には売り切れていて、パン屋さんで滷味はあたりまえなんですね。

第5章

素朴だったり、イケてたり
いろんな顔持つ台湾スイーツ

甜《テェン》點《デェン》

雪《シュエ》花《ファ》冰《ビン》 刨《バオ》冰《ビン》

〈かき氷〉

暑い〜
大丈夫？
毎日どんどん暑くなるよ〜
台湾人は我慢できるの？
慣れてるけどやっぱ暑いよ
だから暑い日は冷たいものを食べるんだ
それって…？
もちろんかき氷！
来た——！

これってふわふわ牛乳味の氷でしょ？
そうそう雪花冰 美菜はかき氷好きなの？
超好き——♡
私はお酒が好きだけど
甘いものも好きだからけっこう驚かれるんだよね
え〜 美菜は甘党でも辛党でもなくお酒好きの食いしん坊でしょ
うっ⁉
ふふふ ふわっふわだ〜〜〜
口のなかでミルク氷が雪みたいにあっという間に溶ける〜
マンゴーも甘ーい
いいなぁ 600円くらいでこんなにマンゴー食べられるなんて 日本だと1500円だよ
1500円⁉

マンゴーは日本では高級フルーツだからさ…
贈り物用なんて何千円もするよ
私はいつも1人で1個丸ごと食べちゃう
そんな食べ方羨ましすぎでしょ———!!
マンゴーの旬は5～10月その時期は新鮮なマンゴーを使ったかき氷が食べられるよ
その時期以外は？
冷凍マンゴーを出す店もあるし
冬はイチゴや1年中ならタピオカミルクティー
伝統的なかき氷刨冰もみんな大好き
あれ？
看板の漢字が前に見かけたのと違うような？
昨日
「刨冰」は中国語「剉冰《ツオビン》」は台湾語
どっちもプレーンな氷だよ
剉 台湾語
vs.
刨 中国語

食感を楽しむ系
①仙草(P115)
②キャッサバ芋のゼリー(粒粿)
④紅白白玉(紅百湯圓)
⑥ナタデココ(椰果)
⑧蓮子(はすの実)
⑨タピオカ(珍珠)
⑩芋団子(芋圓)
⑭麦(麥片)
⑯小豆入りタピオカ(包心粉圓)
⑰米の麺(米苔目)
トッピングを自由に組み合わせられるんだ
甘みを加える系
③ピーナッツ(花生)
⑤小豆(紅豆)
⑦緑豆
⑪タロイモ(芋頭)
⑫ハト麦(薏仁)
⑬プリン(布丁)
⑮花豆
⑯小豆入りタピオカ(包心粉圓)
ちょっ！
かき氷に麺をのせるの⁉
うん
米苔目《ミータイムー》はスープにもスイーツにも入れるね
鹹
甜
ふ…不思議すぎる…

刨冰には砂糖水や黒糖練乳をかけることもあるよ
氷が粗めで
ザクザクした口あたりが懐かしい感じ
ふふふ
男性同士やおじさんがスイーツ食べに来てる
そうだよ
台湾では男性だって甘いもの大好きで堂々と食べてるよ
そうなんだ！
日本だとスイーツ男子って話題になるけど
それってやっぱり珍しいからなんだよね
スイーツ男子

甘いもの好きな男性はいるけど公言しにくそうで
スイーツ店も女性向けだし
だから台湾の男性みたいに自然に甘いものを食べてるのすごく素敵だな
日本の男性は大変だねぇ
台湾の男性はそんなこと気にしないよ
日本の男性も台湾では自由にスイーツを食べてほしいな
そうだ
阿米が日本人の彼氏作って連れてってあげなよ！
彼女と一緒だったら日本男子もスイーツ店に行けると思う
1人で堂々と入れる人がいい……

台湾人オススメの 雪花冰 刨冰

Mr.雪腐 永和店㊺

ミスターシュエフー

AREA 永安市場　新北市永和區得和路2號

濃厚なミルクティー氷に色っぽすぎるタピオカ

台湾人の称賛が殺到したのが「台18珍奶（タピオカミルクティー雪花氷）」。氷は羽のようにふんわり、口にするとすっと溶けてゆきミルクティーの味がやさしく残ります。後のせのタピオカは艶やかで、色気を感じるもっちりさ。添えられた練乳で甘さを足すことができます。

台湾人のコメント

★ミルクが濃厚でタピオカは黒糖の香りが豊か　★重層的な食感のタピオカ　★ミルクティーの氷は深い味わい　★雪花冰はどこよりも繊細　★公館の2号店は席が多くて落ち着く

臺一牛奶大王㊻

タイイーニョウナイダーワン

AREA 公館　台北市大安區新生南路三段82號

マンゴーの量がケチじゃない、夏だけのかき氷

「芒果牛奶冰（マンゴーかき氷）」はシャクシャクの牛乳味の氷に、これでもか！　とマンゴーがのっています。新鮮なマンゴーしか使わないので、5～10月だけ提供されます。肌寒くなってくると、名物の「芝麻湯圓＋紅豆湯（ゴマ団子のぜんざい）」を食べる人が増えます。

台湾人のコメント

★大行列の有名店。牛乳味のかき氷は、どのトッピングでもあなたを満足させること間違いなし！　★「芋頭牛奶冰（タロイモの牛乳氷）」大推薦（笑）　★かき氷の種類がたくさんの老舗

三兄妹雪花冰 西門町總店㊼

サンションメイシュエファビン

AREA 西門　台北市萬華區中華路一段114巷18號

西門でかき氷を食べるなら コスパよしのここで決まり

雪花冰か刨冰を選ぶことができます。フルーツにかかる練乳は甘ったるくなく、さっぱり。夏が旬のマンゴーとキウイ、冬が旬のいちごがのった「3P雪花冰」は季節外れのフルーツが冷凍なのはいたしかたないですが、それほど酸味も強くなく口あたりがよくていい感じです。

台湾人のコメント

★フルーツのかき氷の種類がいっぱい　★タピオカなどの無料トッピング券をもらえることがある　★食べ物が高い西門でも手ごろな値段

阿爸の芋圓㊽

アーバーノユーユェン

AREA 樂華夜市　新北市永和區保平路18巷1號

タロイモスイーツの最高峰!? 氷の食感の変化にも要注目

「芋見泥綜合蔗片冰」には、タロイモ餅、タロイモアイス、ねっとりしたタロイモペーストにハト麦、タピオカ、白玉がたっぷりとのり、タロイモづくしです。薄い板を砕いたようなさとうきびの氷は初めはサクサク、溶けてくると刨冰のようにジャリッとして、食感の変化を楽しめます。

台湾人のコメント

★タロイモ好きの天国！　★さとうきびの自然な甘みのある氷は嫌みのない味で、どの手作りのトッピングにも合う　★樂華夜市の有名店

豆《ドウ》花《ファ》 愛《アイ》玉《ユー》 仙《シェン》草《チャオ》

〈伝統的スイーツ〉

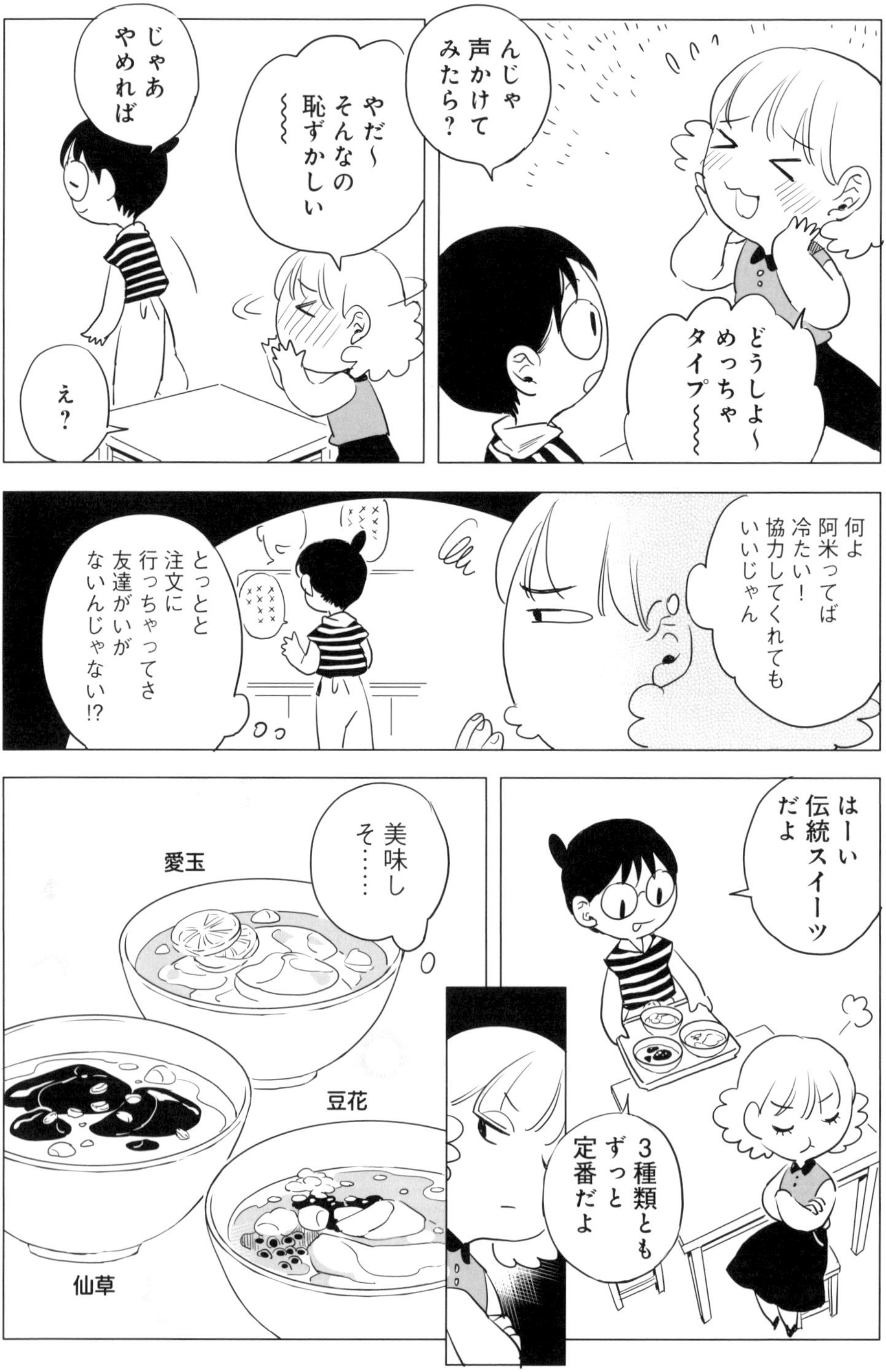
どうしよ〜 めっちゃ タイプ〜〜〜
んじゃ 声かけて みたら？
やだ〜 そんなの 恥ずかしい〜〜〜
じゃあ やめれば
え？
何よ 阿米ってば 冷たい！ 協力してくれても いいじゃん
とっとと 注文に 行っちゃってさ 友達がいが ないんじゃない!?
はーい 伝統スイーツ だよ
3種類とも ずっと 定番だよ
美味し そ……
愛玉
豆花
仙草

豆花は簡単に言えば
豆腐のシロップかけ
シロップ
トッピングも選べるよ
芋団子
ハトムギ
タピオカ
タロイモ
緑豆
花豆
豆腐自体は豆の風味だけでシロップと豆類のトッピングで甘みが出るんだね
プリンのようにすっごくなめらか〜
①乾燥した種子をぬるま湯のなかで10分ほどもむ
②1時間ほど常温で冷ますと固まる
③レモンシロップをかける
愛玉はイチジクの仲間の木の実で
レモンシロップとすごく合うの
レモンの酸味がふるふるの愛玉を爽やかにする〜のど越しよくて飲むゼリーみたい
仙草はシソ科のハーブのエキスを使ったゼリー
牛乳に入れたりコーヒーフレッシュをかけてみて
仙草のほろ苦さがミルクでまろやかになるね

どれもぷるぷる食感で味も特徴的
ありがとね阿米〜
トンッ
あっ
ああごめんなさい
あたっちゃった大丈夫？
んも〜食べるの止まんないー
完全無視
……
やっぱり美菜はイケメンより食い気優先なんだよね〜

台湾人オススメの 豆花 愛玉 仙草

豆花荘㊾

ドウファジュアン

AREA 雙連　台北市大同區寧夏路49號

夜市巡りの〆にはつるりと優しい豆花を

豆花はきめが細かくなめらかで、つるりとのどを通り抜けていきます。黄金色のシロップはとろみがありながら、甘さ控えめまろやかで、豆花とベストマッチです。トッピングはピーナッツ、小豆など基本的なものから、オレオやチョコレートソースなど珍しいものまで約20種類。

台湾人のコメント

★豆花はなめらかな口あたりで、小豆はやわらかい　★自然な豆の旨みを感じる　★トッピングがいっぱい　★「招牌花生豆花（おすすめピーナッツ豆花）」でその実力がわかる

三角埔仙草㊿

サンジャオプーシェンチャオ

AREA 後山埤　台北市信義區忠孝東路五段786號

タピオカミルクの次は仙草ミルクが来る!?

20時間かけて作った仙草をトッピングしたかき氷や、あたたかな仙草やお茶など種類が豊富な専門店です。なかでも「牛奶仙草凍飲」を大推薦。タピオカミルクの仙草版で、ミルクの甘みのなかに仙草のほのかな苦みが活き、ストローから口に入ってくるトゥルトゥルした食感も気持ちいいのです。

台湾人のコメント

★とってもクリアでピュアな味　★「牛奶仙草」は毎日飲んでも飽きない！　★仙草と亀のゼリーは別物だからね　★丁寧に作っていることがわかる仙草の味

圓環阿勝愛玉冰品51

ユェンファンアーションアイユービンピン

AREA 中山　台北市大同區南京西路262巷

本物の愛玉は、イス５脚の小さな屋台にあり

屋台で60年近く売られているのは、最近多い寒天で固めたものではなく正真正銘の愛玉で、ぷるるんと張りがあります。レモン味の黒糖シロップはそのままだと甘みが強いですが、愛玉と一緒になると一変、鼻に抜ける爽やかさ。食後にもするりといける、やさしいスイーツです。

台湾人のコメント

★手作りの愛玉は感動的　★爽やかで自然な味わい　★愛玉の繊維がうっすらと見えて、本物だということがわかる

員山傳統豆花52

ユエンシャンチュアントンドウファ

AREA 港墘　台北市內湖區內湖路一段437巷7號

氷に工夫があり、豆の旨みを最後の一滴までキープ

こちらの豆花は少しザラッとした舌ざわりで、豆の味がギュッと際立っています。黒糖のシロップか豆乳を選ぶことができ、それぞれシャーベット状のシロップ、シャーベット状の豆乳を入れて冷やすので、氷で味が薄くなることなく最後まで豆花本来の味を楽しめます。

台湾人のコメント

★豆花を味わうなら、シロップではなく豆乳がオススメ　★冬はショウガシロップを足すと身体がポカポカに　★焦がし風味の豆乳は豆の味が濃い

手《ショウ》搖《ヤオ》飲《イン》料《リィァオ》

〈ドリンクスタンド〉

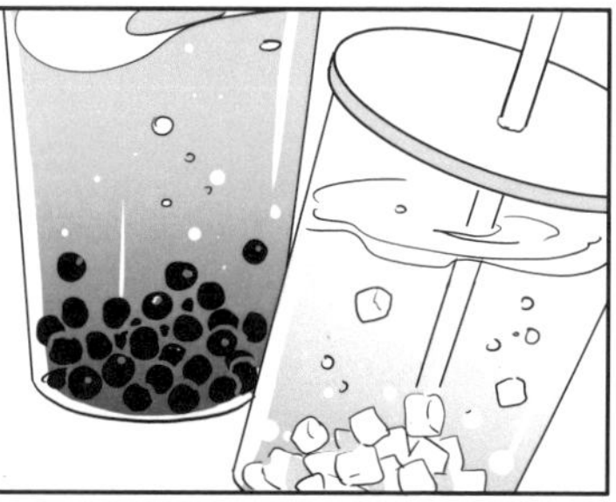

旅も終わりに近付いてきたけどだいぶ台湾に慣れたでしょ？
そうだね今や屋台でも注文できるし小火鍋店に１人でも行けると思う！
おおー
けどさ…
？
私はけっこうチャレンジャーだから
屋台で値切ることもできるけど
便宜點
（安くして〜）
でも…
ドリンクスタンドはまだ怖いんだよね
美菜らしくないなぁ
MENU
果汁
だってメニューがわからないし
さらに甘さや氷の量とか言わなきゃと思うとわちゃわちゃになっちゃう
でも街中にドリンクスタンドがあるしちゃんと頼みたいよ〜
じゃあコツを教えてあげる

飲みたいものを決めてね
まずは
①代表的なドリンクの種類
紅茶《ホンチャー》…紅茶と同じ
緑茶《リューチャー》…緑茶と同じ
奶茶《ナイチャー》／鮮奶茶《シェンナイチャー》…ミルクティー。鮮奶はフレッシュミルク
拿鐵《ナーティエ》…ラテ
可可《クークー》…ココア
多多《ドゥオドゥオ》…乳酸菌飲料
烏龍茶《ウーロンチャー》…ウーロン茶
鐵觀音《ティエグアンイン》…色も味も濃いウーロン茶
包種茶《バオチョーチャー》…さっぱりしたウーロン茶
金萱茶《ジンシュエンチャー》…ミルクの香りがするウーロン茶
普洱茶《プーアルチャー》…プーアール茶
そしてみんな大好きタピオカミルクティー
珍珠奶茶《チェンジューナイチャー》(タピオカミルクティー)
タピオカ大好き！
最近の流行りは黒糖珍珠《ヘイタンチェンジュー》鮮奶《シェンナイ》
黒糖で煮込んだタピオカがフレッシュミルクに入ってるの
インスタ映え
烏龍奶茶《ウーロンナイチャー》
緑奶茶《リューナイチャー》
ねぇ
緑奶茶や烏龍奶茶ってミルク入りの緑茶やウーロン茶ってこと？
お茶とミルクって相性いいんだからすっと爽やかに飲めちゃうよ
へー

②カップのサイズを選ぶ
中杯
大杯
500cc
700cc
中杯でもたっぷり！
③甘さを選ぶ
正常《ジョンチャン》糖《タン》／標準《ピャオジュン》糖《タン》…店のデフォルトの甘さ。かなり甘い
少《シャオ》糖《タン》／七《チー》分《フェン》糖《タン》…デフォルトに対して70%程度の甘さ
半《バン》糖《タン》／五《ウー》分《フェン》糖《タン》…デフォルトに対して半分の甘さ
微《ウェイ》糖《タン》／三《サン》分《フェン》糖《タン》…デフォルトに対して甘さ30%程度。甘さ控えめ
無《ウー》糖《タン》…シロップなし
正常糖だとかなり甘い店が多いけどけっこう飲んでる人いるんだよね
日本だと甘さ控えめが人気だけど
台湾女子は半糖か微糖を頼むことが多いかな
④氷の量を選ぶ
正常《ジョンチャン》冰《ピン》…店のデフォルトの氷の量。たっぷり
少《シャオ》冰《ピン》…ちょっと少なめ
半《バン》冰《ピン》…デフォルトに対して氷半分
微《ウェイ》冰《ピン》…氷少しだけ
去《チュイ》冰《ピン》…氷なし
私は氷なしが好き
氷の量も好みだから探ってみてね
ここまでは基本メニュー
さらにトッピングも選べるよ
飲み物にまでトッピングあるの⁉
愛玉
タピオカ
寒天
バジルシード
プリン
仙草
しかもプリンって⁉
ミルクやミルクティーにすっごく合うんだから

さあ どう？ システムが わかった？
うん… わかったと 思う
じゃあ試験です 1人でドリンク 買ってきて
え⁉
あそこに 店があるから
GOMBY.
もう買える でしょ？
…
……
パンッ！
よし！ 行って きます‼
GOMBY.
あ 待って
グッ
これ 持ってって
これは ？
ドリンクホルダー 今はビニール袋が 全店有料に なったから

では改めていざ！
美菜…大丈夫かな
数分後
えっ!?
なんで泣いてるの!?
買えたよ〜〜〜〜!!
やったね！
今回の台湾旅行やり遂げたよ!!

台湾人が思わず並ぶ 4大ドリンクスタンド

台湾にはドリンクスタンドのチェーン店が100種以上あるけれど、なかでも圧倒的人気をほこったのが、この4軒！　どこの店舗も（特にランチの後は）いつも行列です。

迷客夏

ミークーシャー

自社牧場の牛乳のフレッシュさを大絶賛

この飲料がスゴイ！

珍珠紅茶拿鐵（タピオカミルクティー）★ハチミツが香るタピオカで、砂糖などの余計な甘みがない　★白いタピオカはもちもち　★ミルク系のドリンクにはタピオカをトッピング！　**大甲芋頭鮮奶（タロイモミルク）**★満足感がスゴイ　★牛乳の甘みがよくわかる。さすが自家製

もっと言わせて！

★ミルク系のドリンクはどれも外れなし　★ミルクの質がとにかくイイ　★チェーン店のなかで一番　★ドリンクの種類はいっぱいあるけど、やっぱりミルク系　★お茶とミルクの組み合わせが好き

50嵐

ウーシーラン

500軒以上を展開する台湾を代表する一大チェーン

この飲料がスゴイ！

四季春＋珍波椰（2種のタピオカにナタデココ入り緑茶）★北部限定販売。絶対これでしょ　★台北人なら1號（イーハオ）って言えば通じる有名メニュー　**冰淇淋紅茶（紅茶フロート）**★アイスクリームが夏にピッタリ　★50嵐における完璧な味わい

もっと言わせて！

★大小のタピオカが選べてミックスもOK　★お茶類にもタピオカをトッピングしたほうがいい　★昔から変わらない安定の味

一芳

イーファン

台湾茶とフルーツの相性のよさをのど越しで実感

この飲料がスゴイ！

一芳水果茶（フルーツティー）★リンゴ、パイナップル、オレンジ、パッションフルーツが入っていて、無糖でも甘み十分　★飲み終わってから、フルーツを食べるのもお楽しみ　**金鑽鳳梨緑（パイナップル緑茶）**★パイナップルが甘くてジューシー

もっと言わせて！

★無添加の味わい　★なんでかわからないけど美味しい（笑）　★甘みがちょうどいい

COMEBUY

カムバイ

意外と寒い台北の冬も限定ホットドリンクでぽっかぽか

この飲料がスゴイ！

海神★とっても香りのいいお茶　★ハチミツは入っていないらしいけれど、ハチミツのような甘みを感じる　★爽やかで飲みやすい　**暖薑茶／奶茶（ホットジンジャーティー／ミルクティー）**★ショウガの塊が入っていて、冬には身体の芯から温まる　**紫米可可（紫米のホットココア）**★お米にココアなんて変な組み合わせだって言う人もいるけど、寒い日にいいんだよ〜

エピローグ

帰国前に お土産 買いたいな 沙茶醤とか～
じゃあ スーパー 行こう
わ～ 見たことない スナック菓子や 調味料が いっぱい！
買ったよ！
大収穫！
いっぱい!!
ああと パイナップル ケーキも！
なら 専門店 だね

ざわ
ざわ
ふふふ いろんな 味がある
どれに しよっか な〜
ほとんどの パイナップル ケーキには パイナップルは 入ってないよ
轟《ガ》!!ンッ
え!?
パイ ナップルが 入ってな… い…!?
伝統的な パイナップル ケーキは主に 冬瓜《とうがん》の餡を 使ってて
甘くて 繊維が やわらか いの
鳳梨酥《フォンリースー》
シロップで 甘みをつけた 冬瓜の餡入り
最近は本物の パイナップルの 餡を使ったのも 流行ってて それは酸味が 強め
土鳳梨酥《トゥフォンリースー》
本物の パイナップルを 使った餡入り
そうなん だ…
じゃあ先に 冬瓜の買って あとでそっちも 買うよ
やっぱり ね…

空港
そろそろ飛行機の時間だね
あ
これがまだあった
はい
！
わ〜可愛い臭豆腐のキーホルダー!!ちゃんと泡菜《パオツァイ》もついてる！
羊毛《フェルト》のだ…まさかこれ美菜が作ったの？
へへ
私実は手芸が好きで夜にちょっとずつ作ってみたの
臭豆腐色の羊毛持ってきててよかったよ〜
美菜…

こんな女子力があったなんて思ってもみなかった……
感動〜
何よ〜おばちゃんだって女子なんだよ！
冗談だよ
ありがとう美菜
気を付けて帰ってね
また台湾に遊びにおいでよ〜
うん！ぜったい！まだ食べてない美味しいものあるもんね！
次は どこに行きたい？
そうだな
台南も美味しいものいっぱいなんでしょ〜

スーパーで
買えるよ

みんな大好き！ 懐かしい！

台湾おかし図鑑

お酒にも
合う♥

メーカーによって硬さや五香の強さも違うので比べてみて

五香豆乾

ウーシャンドウガン

おつまみ度 ★★★

合うお酒 日本酒、紹興酒

干した豆腐の「豆乾」はかなり弾力がありゴムを食べているような不思議な食感、そしてまぶされた五香粉に好き嫌いが分かれそうです。沙茶（P45）やプレーン味もあるので、まずはそちらから挑戦してみるのもありです。

鹹蛋味のおやつは最近すごく流行ってるんだ

老楊
鹹蛋黄餅

鹹蛋黄方塊酥

シェンダンフゥァンファンクァイスー

おつまみ度 ★★★★

合うお酒 白ワイン

かじるとザクッ、そして口のなかでホロリとほぐれるクッキー「方塊酥」は、台湾南部の嘉義の名物。なかでも老楊ブランドの鹹蛋（塩漬けのアヒルの卵）の黄身味のクッキーは、甘じょっぱさがたまらないと大人気です。

五香とココナッツの2種類を交互に食べると甘さとしょっぱさの無限ループに突入

乖乖
奶油椰子
5香

乖乖

グァイグァイ

おつまみ度 ★★★

合うお酒 ビール

日本人なら思い出すのはキャラメルコーンの食感。昔は小さな漫画がおまけでついていて、子供の心を摑んでいたそう。ココナッツ味の緑の袋をパソコンのそばに置くとパソコンが壊れないという説は台湾での常識（!?）。

冬筍餅（タケノコ味）と菜脯餅は味がそっくりで私には違いがわからない

菜脯餅
冬

菜脯餅

ツァイポービン

おつまみ度 ★★★★★

合うお酒 ビール、日本酒

クラッカーの種類が豊富な台湾。こちらは切り干し大根（菜脯）味です。それほど大根の味は強くなく、甘さと塩気のバランスのよい軽い味わい。お茶屋さんで出されることもあり、お茶請けにもピッタリ！

子供には少し高めの値段だったのでごほうびおかし♪
CRUN CHOCO

杏仁巧克力酥片

シンレンチャオクーリースーピェン

おつまみ度 ★★★

合うお酒 赤ワイン

ミルクチョコレートとココアの2種類があるクランチチョコレート。サクサクなのにしっとりもしていて、ナッツがアクセントに。こちらも甘さ控えめ。ボロボロ崩れるので、先に袋のなかで割っておくのがコツだそう。

抹茶ミルク味も高級感がある〜
北海道の恋人

北海道の恋人

ベイハイダオノリエンレン

おつまみ度 ★★★★

合うお酒 赤ワイン、ハイボール

北海道とはまったく関係のないクッキーは、ボリボリッとした硬めの食感。巧克力牛奶（ミルクチョコレート）味は甘さ控えめでほんのり苦みを感じ、クセになります。甘いものが苦手な人こそ食べてみてください。

缶にはスプーンもついててピーナッツをすくうのにとっても便利

牛奶花生

花生仁湯

ファションレンタン

おつまみ度 ×

合うお酒 ×

砂糖でやわらかく煮たピーナッツの缶詰。かき氷などのスイーツのトッピングの定番です。水分が多く、おしるこドリンクのような感覚でいただきます。飲み物なのでおつまみにはイマイチですが、〆のスイーツとしてどうぞ。

花生（ピーナッツ）味が大定番！　ヨーグルト味とセットになってるパックもお得

新貴派

新貴派

シングイパイ

おつまみ度 ★★

合うお酒 赤ワイン、ロゼ

チョコレートで包まれたサクサクのウエハースは、イチゴホワイトチョコ、ヨーグルト、ブルーベリー、緑茶など種類がたくさん。2種類の味を組み合わせたパックもあります。甘さは強めですが、後味はさっぱり。

こっちも食べてみて！

★卡力（カリ）ひねり揚。昔は塩味一択だったけど、最近はカレーやチーズ、甘いものなど種類がいっぱい。卡力卡力（カリカリ）と呼ぶのが一般的。　**★鱈魚香絲（シュエユーシャンスー）**チータラのチーズ抜きは最強つまみ。北海ブランドがオススメ。　**★77乳加（チーチーリュージァー）**台湾のヌガーチョコレートには麻辣鍋味もあって意外とイケる!?　**★雪燒海苔（シュエシャオハイダイ）**食感が軽めのおにぎりせんべいのよう。

おわりに

みなさんこんにちは、AKRU（アクル）です。

私にとって日本での初めての単行本をお手に取っていただき、ありがとうございます。

「台湾美食」と聞いたら、みなさんは小籠包、牛肉麵、滷肉飯、タピオカミルクティーなどを想像するかもしれません。でも、台湾人ならそれぞれが数十種類の違った食べ物を挙げるはず――そう、台湾美食は「種類がいっぱい」というのも特徴のひとつなんです。夜市を訪れたことがある方なら、目移りするほどさまざまな食べ物が並んでいる様子に驚きませんでしたか？　台湾人の私ですら、食べたことのあるものは氷山の一角だったんだと、この本を作っていくうちに実感しました。

ここに登場するのはすべて、朝・昼・晩のごはん、学校帰りのおやつ、夜食など、台湾人が日々の生活のなかで口にする食べ物です（みなさんにとっての味噌汁、ラーメン、牛丼みたいなもの!?）。次に台湾へ遊びに来る時には、これらをたっぷり味わうことで、台湾の生活をプチ体験してほしいです。

私は自炊が中心で、外食はほんの少し。だから、最初にこの企画の打診があった時は、なじみのないテーマに不安が……。漫画は好きですが、料理漫画で、しかも丸い絵柄でなんて!!　それまで自分から描こうと思ったことはありませんでした。

でも、作業を進めていくうちに、興味がむくむく。何気なくすごしていた日常のなかにいろんな食材や調理法があったことを知れば知るほど、以前抱いていた不安は一変、この本のおかげで関心を持てるテーマが増えて、今ではとても感謝しています。

最後に、本書の制作に関わってくださったみなさまへお礼を。企画編集の竹中式子さん、幻冬舎の菊地朱雅子さん、台湾版に推薦文を寄せてくださった夢多さん、アンケートに協力してくださった台湾のみなさん、蓋亞文化の李亞倫さんと李明潔さん、台湾文化部のみなさん、本当にありがとうございました。

世界中がコロナ禍のなかで、出版時期も影響を受けました。一日でも早く、新型コロナウイルスの状況が緩和されることを祈っています。すぐに海外旅行はできないかもしれませんが、この漫画を読みながら次の旅へ思いをめぐらせる、そんな時間がみなさんの安らぎになりますように。

祝各位身體健康，平安快樂！（みなさんの健康と平安をお祈りしています）

2020年10月　AKRU

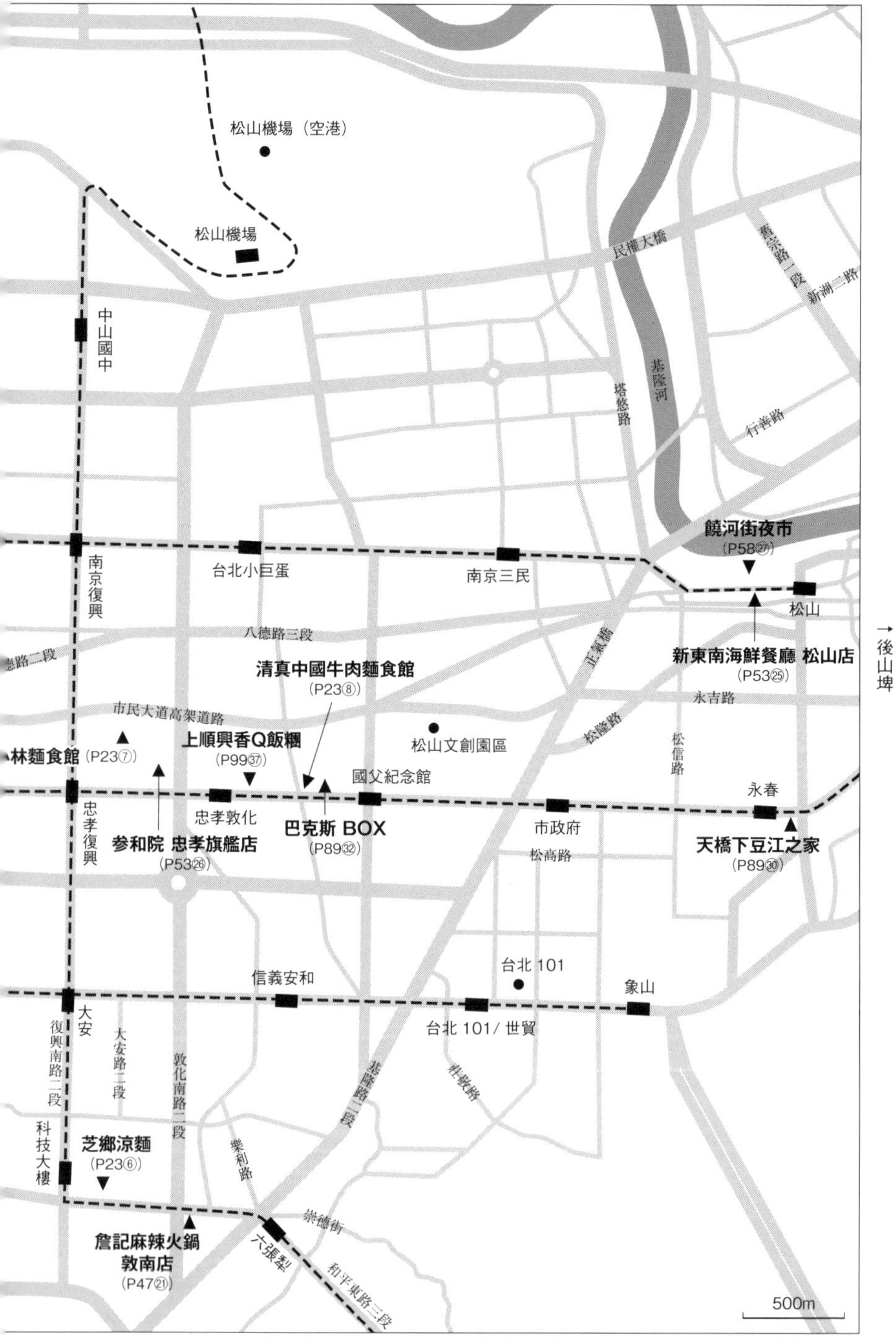
↑港墘・內湖
松山機場（空港）
松山機場
民權大橋
舊宗路二段
新湖二路
中山國中
基隆河
塔悠路
行善路
饒河街夜市
（P58㉗）
台北小巨蛋
南京三民
南京復興
松山
八德路三段
清真中國牛肉麵食館
（P23⑧）
新東南海鮮餐廳 松山店
（P53㉕）
→後山埤
正氣橋
永吉路
市民大道高架道路
松山文創園區
松隆路
松信路
（P23⑦）
上順興香Q飯糰
（P99㊲）
國父紀念館
永春
忠孝敦化
忠孝復興
參和院 忠孝旗艦店
（P53㉖）
巴克斯 BOX
（P89㉜）
市政府
松高路
天橋下豆江之家
（P89㉚）
台北 101
信義安和
象山
大安
台北 101／世貿
復興南路二段
大安路二段
敦化南路二段
基隆路二段
莊敬路
科技大樓
芝鄉涼麵
（P23⑥）
樂利路
崇德街
詹記麻辣火鍋
敦南店
（P47㉑）
六張犁
和平東路三段
500m

↑明德・士林

←台北橋・菜寮

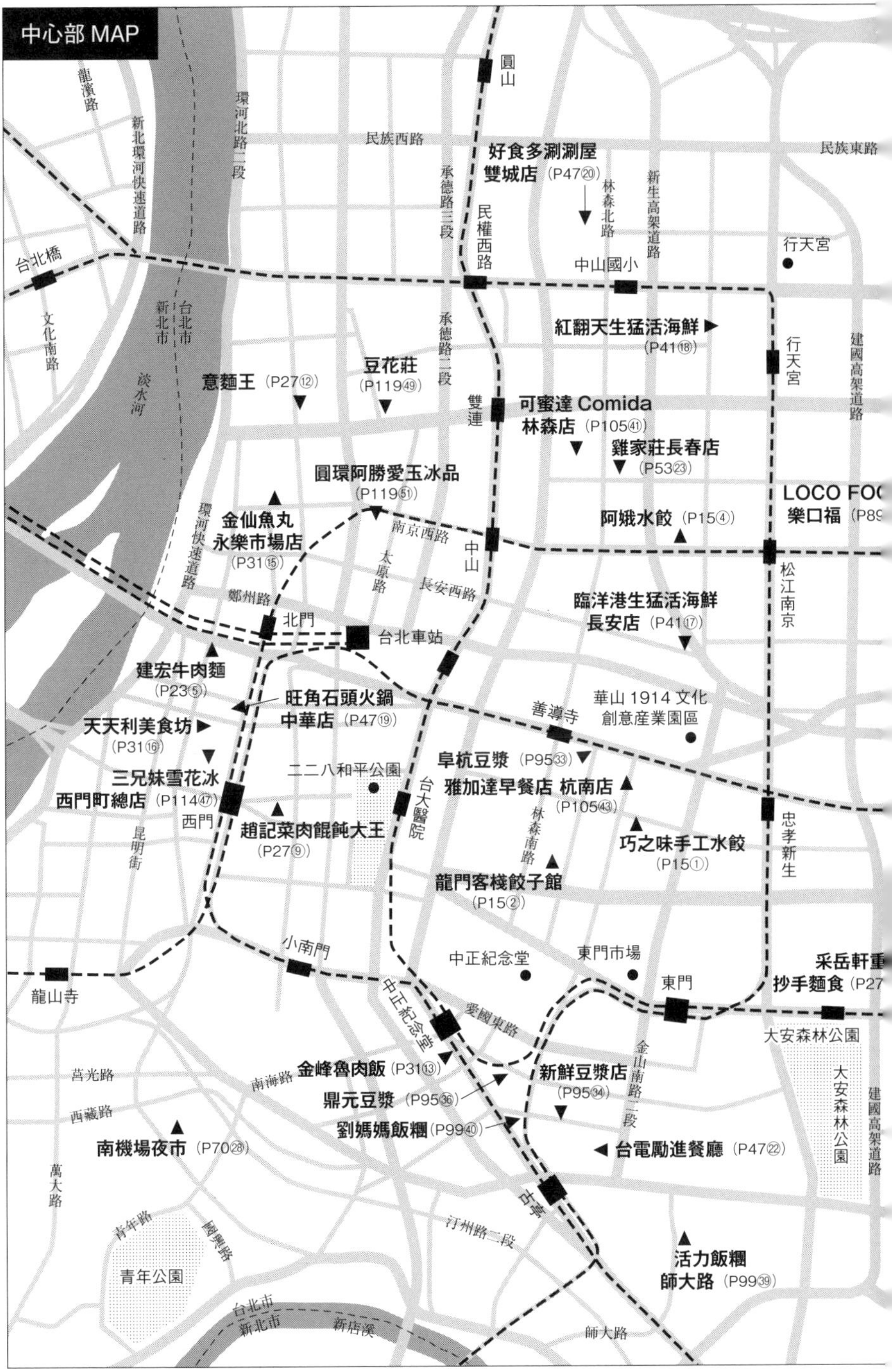
中心部 MAP
圓山
龍濱路
新北環河快速道路
環河北路二段
民族西路
好食多涮涮屋
雙城店（P47⑳）
承德路三段
民權西路
林森北路
新生高架道路
民族東路
行天宮
台北橋
中山國小
文化南路
新北市
台北市
承德路二段
紅翻天生猛活海鮮
（P41⑱）
行天宮
建國高架道路
淡水河
意麺王（P27⑫）
豆花莊
（P119㊾）
雙連
可蜜達 Comida
林森店（P105㊶）
雞家莊長春店
（P53㉓）
圓環阿勝愛玉冰品
（P119 51）
LOCO FOO
樂口福（P89
環河快速道路
金仙魚丸
永樂市場店
（P31⑮）
南京西路
中山
阿娥水餃（P15④）
松江南京
太原路
長安西路
鄭州路
北門
台北車站
臨洋港生猛活海鮮
長安店（P41⑰）
建宏牛肉麵
（P23⑤）
旺角石頭火鍋
中華店（P47⑲）
華山 1914 文化
創意産業園區
天天利美食坊
（P31⑯）
善導寺
阜杭豆漿（P95㉝）
二二八和平公園
三兄妹雪花冰
西門町總店（P114㊼）
台大醫院
雅加達早餐店 杭南店
（P105㊸）
西門
趙記菜肉餛飩大王
（P27⑨）
昆明街
林森南路
忠孝新生
巧之味手工水餃
（P15①）
龍門客棧餃子館
（P15②）
小南門
中正紀念堂
東門市場
東門
采岳軒重
抄手麵食（P27
龍山寺
愛國東路
大安森林公園
中正紀念堂
金山南路二段
莒光路
金峰魯肉飯（P31⑬）
南海路
新鮮豆漿店
（P95㉞）
鼎元豆漿（P95㊱）
西藏路
劉媽媽飯糰（P99㊵）
南機場夜市（P70㉘）
台電勵進餐廳（P47㉒）
大安森林公園
建國高架道路
萬大路
古亭
汀州路二段
青年路
國興路
青年公園
活力飯糰
師大路（P99㊴）
台北市
新北市
新店溪
師大路

←新埔

↓永安市場

↓公館

①明德
台北市北投區
明德國民小學
天母感恩堂
全聯福利中心
北投明德門市
建民路
小丁豆漿店
(P95㉟)
北投區榮華公園
東華街一段
建民路
懷德街
明德路150巷
明德路136巷
明德路118巷
明德路
明德駅
磺溪
台北市立
明德國中
克強公園遊泳池
50m

②士林
外雙溪
郭元益糕餅博物館
及品鍋貼水餃專賣店 (P15③)
美崙街49巷
文林路
華聲公園
華榮街
文昌路
玉山銀行
士林分行
DAISO 大創
百貨士林中正店
墊腳石圖書文化
廣場士林店
士林國中
中正路335巷
台北市士林區
士林國小
士林駅
50m

③港墘
麗山國小
港華街
員山傳統豆花
(P119㊾)
內湖路一段437巷
麗山街
台北市立
麗山國中
港墘駅
內湖路一段518巷
台北市立
內湖高級職業學校
洲子街
50m

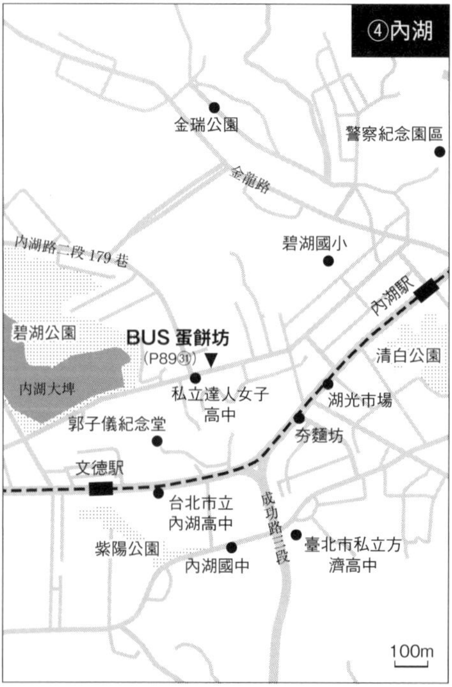
④內湖
金瑞公園
警察紀念園區
金龍路
內湖路二段179巷
碧湖國小
內湖駅
碧湖公園
BUS 蛋餅坊
(P89㉛)
清白公園
內湖大埤
私立達人女子
高中
湖光市場
郭子儀紀念堂
夯麵坊
文德駅
台北市立
內湖高中
成功路三段
紫陽公園
內湖國中
臺北市私立方
濟高中
100m

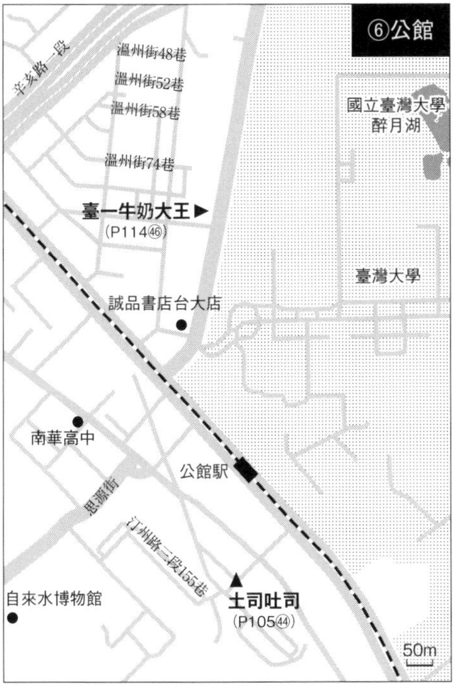
⑥公館
辛亥路一段
溫州街48巷
溫州街52巷
溫州街58巷
溫州街74巷
國立臺灣大學
醉月湖
臺一牛奶大王 ▶
(P114㊻)
臺灣大學
誠品書店台大店
南華高中
公館駅
思源街
汀州路三段155巷
土司吐司
(P105㊹)
自來水博物館
50m

⑤後山埤
永吉路
自強公園
後山埤駅
三角埔仙草
(P119㊿)
亞太電信 Gt 智慧生活
台北忠孝直營門市
中坡南路
大道路
忠孝東路五段790巷22弄
20m

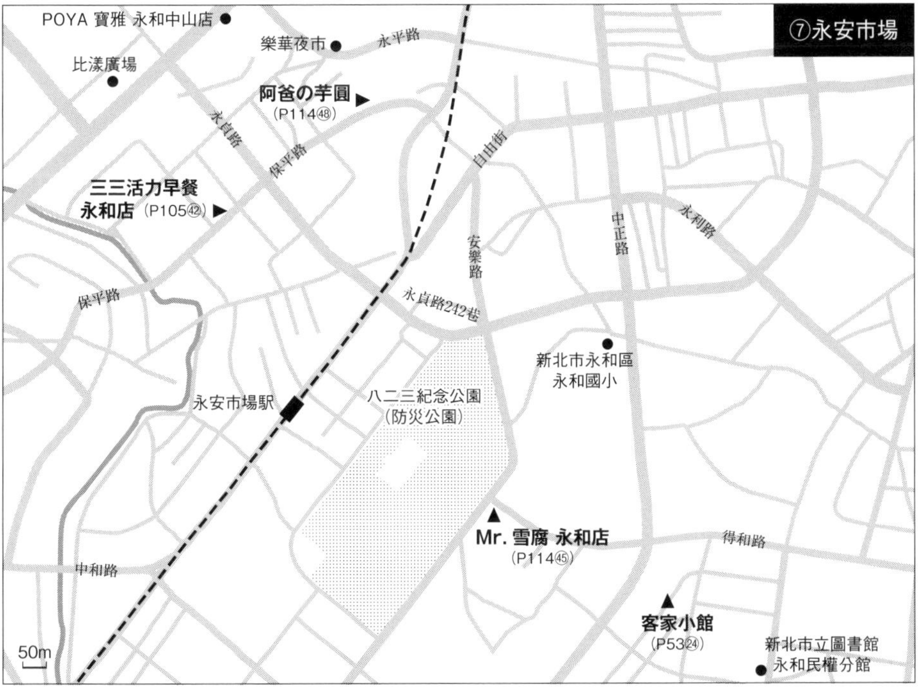
⑦永安市場
POYA 寶雅 永和中山店
樂華夜市
永平路
比漾廣場
阿爸の芋圓 ▶
(P114㊽)
永貞路
保平路
自由街
三三活力早餐
永和店 (P105㊷) ▶
中正路
永利路
安樂路
保平路
永貞路242巷
新北市永和區
永和國小
永安市場駅
八二三紀念公園
(防災公園)
Mr. 雪腐 永和店
(P114㊺)
得和路
中和路
客家小館
(P53㉔)
新北市立圖書館
永和民權分館
50m

⑨菜寮
中山藝術公園
菜寮駅
彰化銀行
仁化街31巷
仁化街31巷8弄
菜寮公園
台湾電力公司
三重服務所
中寮街57巷
ok mart
三重中正南店
◀頂味執餃
(P27⑪)
新北市立圖書館
三重南區文館
光明路
20m

⑧台北橋
五燈獎豬腳魯肉飯 (P31⑭)
▼
正義北路36巷
正義北路28巷
正義北路16巷
台北橋駅
中國信託重新分行
文化南路15巷
文化南路25巷
天台影城
福裕街
正義南路
福裕街
20m

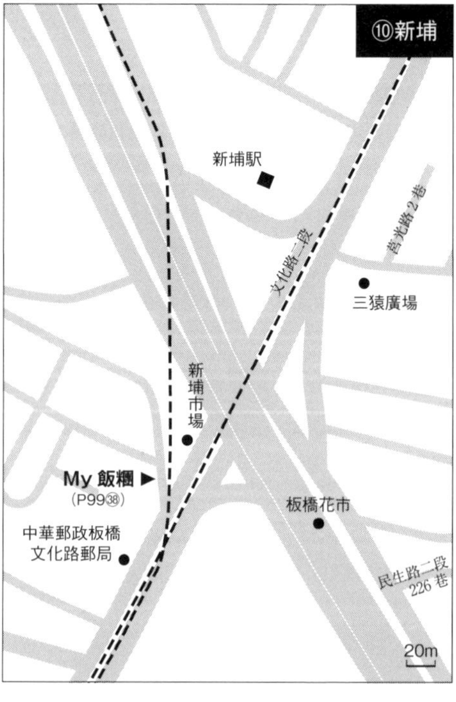
⑩新埔
新埔駅
営光路2巷
文化路二段
三猿廣場
新埔市場
My 飯糰 ▶
(P99㊳)
板橋花市
中華郵政板橋
文化路郵局
民生路二段
226巷
20m

QRコード付ジャンル別索引

使い方

スマートフォンのQRコードリーダーで、QRコードを読み取ります。
Google Mapsアプリが立ち上がり場所を表示します。
ナビボタンを押すと目的地までのナビが開始されます。

⑫ 意麺王

P31

滷肉飯〈肉そぼろごはん〉

⑬ 金峰魯肉飯

⑭ 五燈獎豬腳魯肉飯

⑮ 金仙魚丸 永樂市場店

⑯ 天天利美食坊

P41

熱炒店〈海鮮居酒屋〉

⑰ 臨洋港生猛活海鮮 長安店

⑱ 紅翻天生猛活海鮮

P47

火鍋〈鍋〉

⑲ 旺角石頭火鍋 中華店

⑳ 好食多涮涮屋 雙城店

㉑ 詹記麻辣火鍋 敦南店

㉒ 台電勵進餐廳

P53

中餐廳〈中華料理レストラン〉

㉓ 雞家莊 長春店

㉔ 客家小館

㉕ 新東南海鮮餐廳 松山店

㉖ 參和院 忠孝旗艦店

P58
P70

夜市

㉗ 饒河街夜市

㉘ 南機場夜市

P89

蛋餅〈台湾風おかずクレープ〉

㉙ LOCO FOOD 樂口福

㉚ 天橋下豆江之家

㉛ BUS 蛋餅坊

㉜ 巴克斯 BOX

P95 焼餅油條 豆漿 〈揚げパンサンド・豆乳〉

㉝ 阜杭豆漿

㉞ 新鮮豆漿店

㉟ 小丁豆漿店

㊱ 鼎元豆漿

P99 飯糰 〈おにぎり〉

㊲ 上順興香Q飯糰

㊳ My飯糰

㊴ 活力飯糰 師大路

㊵ 劉媽媽飯糰

P105 三明治 〈サンドウィッチ〉

㊶ 可蜜達Comida 林森店

㊷ 三三活力早餐 永和店

㊸ 雅加達早餐店 杭南店